T0197211

Essays zur Gegenwartsästhetik

Reihe herausgegeben von
Moritz Baßler
Münster, Deutschland

Heinz Drügh
Frankfurt am Main, Deutschland

Daniel Hornuff
Kassel, Deutschland

Maren Lickhardt
Innsbruck, Österreich

Die Reihe analysiert aktuelle kulturelle Phänomene in ihrer Ästhetik, Medialisierung und gesellschaftlichen Zirkulation monografisch. Es geht darum zu zeigen, wie gegenwärtiges ästhetisches Erleben unseren Alltag prägt, unser Konsumverhalten bestimmt, unsere Zugehörigkeiten formiert, unsere Lebensstile konstituiert und nicht zuletzt die Sphäre des Politischen prägt. Dieses betrifft Themen wie Geschlechterrollen und Liebesbeziehungen, Todesphantasien und die Stilisierung lebendiger Körper, Modediktate, Designtrends und Konsumpräferenzen, Arbeitsethiken, Freundschaftsrituale und demokratische Praktiken. All dieses hat spezifische Konjunkturen, wird zu bestimmten Zeiten besonders heiß und produktiv diskutiert.

Die Bände widmen sich auf dieser Basis aktuellen ästhetischen Phänomenen und Verhandlungen in literatur-, kultur-, medien- und gesellschaftswissenschaftlicher Perspektive und unterziehen sie semiotisch-kulturpoetischen Mikro- und Makroanalysen. Dadurch soll ihre kommunikative Dimension analysiert und kontextualisiert und ihre diskursive, politische wie ökonomische Aufladung transparent gemacht werden. Die Reihe richtet ihren Blick dorthin, wo mediale Aufmerksamkeit, ästhetische Prägnanz, ökonomische Potenz und kulturelle Virulenz sich an einem ästhetischen Kristallisationspunkt treffen. Konkret kann sich dies auf das Musikgeschäft, die Bildende Kunst, die Literaturproduktion, die Film- und Fernsehindustrie, Fangemeinden, Popkultur, Konsumästhetik etc. beziehen.

Annekathrin Kohout

K-Pop

Lokale Volkskultur, globale Alternativkultur?

 J.B. METZLER

Annekathrin Kohout
Leipzig, Deutschland

ISSN 2730-7301   ISSN 2730-731X   (electronic)
Essays zur Gegenwartsästhetik
ISBN 978-3-662-67576-2   ISBN 978-3-662-67577-9   (eBook)
https://doi.org/10.1007/978-3-662-67577-9

Die Deutsche Nationalbibliothek verzeichnet diese Publikation in der Deutschen Nationalbibliografie; detaillierte bibliografische Daten sind im Internet über http://dnb.d-nb.de abrufbar.

Einbandabbildung: © Artjazz/Shotshop/picture alliance

Planung/Lektorat: Ferdinand Pöhlmann
J.B. Metzler ist ein Imprint der eingetragenen Gesellschaft Springer-Verlag GmbH, DE und ist ein Teil von Springer Nature.
Die Anschrift der Gesellschaft ist: Heidelberger Platz 3, 14197 Berlin, Germany

Das Papier dieses Produkts ist recyclebar.

#kpop
#hallyu
#koreanwave
#softmasculinity
#appropriation
#queerbaiting
#globalpop
#army
#bts

#한류
#국민
#애교
#조공

Inhaltsverzeichnis

East-West-Problem

„If West knows about East only one-tenth of what East knows about West, there will be no war.“

(Nam June Paik, 1968)

Wenn in der westlichen Welt von Popkultur die Rede ist, dann denkt man an die Traumfabrik Hollywood, an kommerzielle Blockbuster-Produktionen wie *Titanic* oder *Avatar*, an spektakuläre Zeremonien wie die Oscars, die Grammys oder den Super Bowl. Man denkt an glamouröse Star-Legenden wie Liz Taylor, Elvis Presley oder Madonna, an Ausnahmetalente wie Billie Eilish und an umstrittene Weltstars wie Michael Jackson. Man denkt an ikonische Filmfiguren wie den von Johnny Depp verkörperten Captain Jack Sparrow, den von Heath Ledger gespielten Joker oder an die Protagonisten aus *The Simpsons*. Man denkt auch an Pop Art, zum Beispiel von Andy Warhol oder Roy Lichtenstein. Kurzum: Man denkt zuallererst an US-amerikanische Popkultur. Das

© Der/die Autor(en), exklusiv lizenziert an Springer-Verlag GmbH, DE, ein Teil von Springer Nature 2023
A. Kohout, *K-Pop*, Essays zur Gegenwartsästhetik,
https://doi.org/10.1007/978-3-662-67577-9_1

hat natürlich gute Gründe, denn die US-amerikanische Popkultur war im 20. Jahrhundert fraglos führend und hat mit einer starken Weltmacht im Rücken große Teile des Globus maßgeblich beeinflusst. Sie ist mittlerweile traditionsträchtig und kanonisiert, die meisten Jahrzehnte werden als eigenständige Pop-Epochen sogar schon umweht von nostalgischer Melancholie.

Sosehr die US-amerikanische Popkulturindustrie weiterhin den Weltmarkt dominiert, geraten zunehmend neue Pop-Phänomene in den Blick. Sie sind erst durch die Sozialen Medien zugänglich geworden, wodurch es ihnen möglich war, eine Bekanntheit zuvor ungeahnten Ausmaßes zu erzeugen. Sie kommen aus nicht-westlichen Teilen der Welt, sind unter anderen spezifischen kulturellen und sozialen Bedingungen entstanden und haben eigene Rezeptionsformen etabliert. K-Pop ist derzeit das bekannteste Pop-Phänomen dieser Art.

K-Pop ist die Abkürzung für „Koreanische Populärkultur". Ob es sich dabei um ein musikalisches Genre, die Erzeugnisse einer bestimmten Industrie oder eine eigene (Sub-)Kultur handelt, wurde unter Fans und Forschenden in den letzten Jahren viel diskutiert. Ich verwende „K-Pop" einerseits als Oberbegriff, andererseits als musikalische Genrebezeichnung. Doch das „K" in „K-Pop" ist auch ein Branding. Oder mehr noch: Eine Art Corporate Design, das längst nicht mehr nur Musik, Filme und Serien, sondern genauso Modephänomene, Beautyprodukte oder eine spezifische Lifestyle-, Ernährungs- und Gastrokultur umfasst. Das K-Branding nimmt gleichermaßen Einfluss auf das Selbstverständnis von Südkoreaner:innen als auch auf deren Fremdwahrnehmung. Doch es beinhaltet und adressiert keinesfalls nur eine lokale Kultur mit einigen regionalen Eigenheiten. Weltweit können sich Millionen von Menschen mit dem „K" identifizieren oder sind auf eine Weise dafür empfänglich, die sie dazu bringt, sich

durchaus vorhandene lokalere kulturelle Spezifika anzu-
eignen. Der dabei stattfindende kulturelle Austausch,
das Aufeinandertreffen verschiedener Eigenheiten, das
entweder zur Assimilation oder aber zum Clash führen
kann, ist in vielen Fällen ein wichtiger Bestandteil der
K-Pop-Rezeption. Auf Instagram oder TikTok kursieren
etwa unzählige Videos unter dem Meme *Kpop fans be
like*, in denen auf humoristische Weise zum Ausdruck
gebracht wird, dass der Enthusiasmus für K-Pop zur Über-
affirmation der südkoreanischen Kultur führen kann –
auch wenn diese den jeweiligen Fans ausgesprochen fremd
ist. Man beginnt Mimik und Gestik, Handlungsabläufe
und sogar Ernährungsweisen zu imitieren. Häufig geht es
in dem Meme um eine Konfrontation der K-Popkultur
mit der jeweiligen Herkunftskultur. Der Content Creator
Vardan zeigt zum Beispiel in seinen Videos – meistens
Sketche –, wie seine indischen Eltern oder Freunde ver-
wundert bis entsetzt darauf reagieren, wenn er plötzlich anfängt, Kimchi zu essen oder sogar Koreanisch
zu sprechen. Inwiefern solche Aneignungen kulturver-
mittelnd und sogar Ausdruck einer „Glokalisierung" sein
können, oder aber (zumindest in den westlichen Ländern)
tradiertem antiasiatischem Rassismus Vorschub leisten,
wird noch zu diskutieren sein.

Der *terminus technicus* für den überraschenden, weltweiten Aufstieg südkoreanischer Popkultur außerhalb der
eigenen Landesgrenzen lautet „*Hallyu*" oder „Koreanische
Welle", wie es auf Deutsch heißt. Zur Schaumkrone dieser
Welle gehören Filme wie *Parasite* oder *Minari*, Serien
wie *Crash Landing on you* oder *Squid Game*, Pop-Bands
wie BTS oder Blackpink, Autorinnen wie Han Kan (*Die
Vegetarierin*) oder Cho Nam-Joo (*Kim Jiyoung, geboren
1982*). Dazu kommen Kosmetikprodukte wie Tuch-
masken oder BB-Cremes, Foodtrends wie Kimchi oder
Bibimbap, populäre Unternehmen wie Samsung oder LG,

niedliche Social-Media-Gesichtsfilter oder Gesten wie das Fingerherz, das es neuerdings auch als Emoji gibt. Im Wellental haben sich unterdessen südkoreanische Kulturproduktionen aller Art von einer großen Öffentlichkeit unbeobachtet in die Badezimmer und Küchen, Bücherregale und Spielkonsolen, auf die Fernseh- und Computerbildschirme der westlichen Welt geschlichen und sind dort zum selbstverständlichen Bestandteil des Alltags geworden.

Begleitet und forciert durch wirtschaftliches Wachstum, Wohlstand und technologische Innovationen ist Südkorea zu einem neuen Zentrum der Popkultur geworden – und zu einem Steinbruch für Trends. Wo man auch hinschaut, erlangen Personen, Produkte, Stylings oder (Konsum-) Rituale Instant-Berühmtheit. Auf Koreanisch nennt sich das *kookmin* (국민), was man mit „national" übersetzen kann, aber in diesem Zusammenhang nicht die Nationalität meint, sondern „landesweit" oder „um sich greifend". Was gestern völlig unbekannt war, geht heute viral und wird plötzlich von allen gekannt. *Kookmin* bezeichnet also eine Popularitätskultur, die uns auch hierzulande und besonders aus den Sozialen Medien geläufig ist, wenn Bilder und Videos (sobald sie zum Meme werden), aber auch Personen, Orte, Ereignisse oder Diskurse punktuell die Klickzahlen in die Höhe schießen lassen.

Wie es Hollywood nicht ohne das Kino gegeben hätte, wäre die Koreanische Welle – auch „*Hallyu*wood" genannt – außerhalb Südostasiens nicht ohne die Sozialen Medien denkbar. Es brauchte digitale Plattformen, damit sich Fans schneller und leichter vernetzen; auf ihnen können Rezipient:innen selbst entscheiden und mitgestalten, was sie gerne lesen, hören und sehen möchten. Es brauchte Streamingdienste wie Spotify oder Netflix, die K-Pop oder K-Dramen mit einer Zuschauerschaft vertraut machen, die sonst nie darauf aufmerksam geworden wäre.

Auch formal und ästhetisch ist K-Pop dem Geist Sozialer Medien entsprungen. Viele Musikvideos zeichnen sich zum Beispiel durch zahlreiche Referenzen und kulturelle Hybridität aus, was sie vielseitig anschlussfähig macht. K-Pop-Produzenten und Stars denken die Partizipation ihrer Fans und Follower immer schon mit – ihre Choreografien waren bereits vor TikTok zum Mittanzen gedacht. K-Pop, so lautet eine These, die ich noch ausführen werde, wird nicht nur von Produzent:innen und Stars gemacht – es bedarf der Vollendung durch die Fans. Das mag in den Grundzügen zwar generell für Populärkultur gelten: Ohne Fans gibt es auch keine Stars. Doch die K-Popkultur hat ein deutlich kooperativeres Verhältnis zwischen diesen beiden Seiten hervorgebracht. Zum einen liegt das wohl an einem weniger ausgeprägten Individualitätsbedürfnis und damit weniger starken Autorschafts- und Werkbegriffen, zum anderen ist es auch formal begründet: es werden Choreografien vorgegeben, die nachgetanzt werden, emotionale oder inhaltlich komplexe Narrative erzeugt, die ‚Reaction Videos‘ geradezu erforderlich machen. All das resultiert in einer gewissen Enthierarchisierung: Wurden Fans in der westlichen Popkultur bislang oft als Menschen belächelt, die ihrem Star verfallen sind und dessen Werke passiv konsumieren, besitzen die Fans von K-Pop ein ausgeprägtes Selbstverständnis als aktiv Mitwirkende am Erfolg und Werk ihrer *Idols*.

Der rasante weltweite Aufstieg von südkoreanischer Popkultur ist so beispiellos und erstaunlich, dass sich mittlerweile unzählige Geschichten mit ihm verbinden, die mythengleich weitergetragen werden. Dazu gehört allen voran das Erfolgsnarrativ selbst. Ich würde sogar behaupten, dass es der Kern jeder K-Erzählung ist. Es gibt kaum eine Selbst- oder Fremdbeschreibung, die ohne funkelnde Superlative auskäme. Es gehört notwendiger

Weise zum Sprechen über K-Pop, den Aufstieg zu betonen – ich habe das ebenfalls gerade getan –, und das nicht nur, indem man das Motiv der Welle als Naturgewalt bemüht. An anderen Stellen ist auch von „meteoric rise" (Kim, R. 2022, 17) oder einem „boom" die Rede. K-Pop ist „outstanding" und „bigger than it has ever been" (Ki 2020, U4)! Im Journalismus werden meist Popularitätsrekorde zum Anlass genommen, um über eine Band, einen Song oder eine Serie zu schreiben. Dabei werden die „astronomischen Werte" (Beregow 2019) stets hervorgehoben. Ein Musikvideo, dass in den ersten 24 Stunden so oft geklickt wurde wie noch nie zuvor! Eine Singleauskopplung, die sämtliche Streaming-Höchstwerte toppt! In Fan-Foren vergewissert man sich der eigenen Legitimation, indem man sämtliche Höchstwerte vermeldet.

In Südkorea selbst wird es hin und wieder mit einem abgeklärten Schmunzeln oder müden Lächeln quittiert, wenn man anfängt, von K-Pop zu sprechen – einige dürften sich darauf reduziert fühlen. Andere sind erfreut, dass durch die Aufmerksamkeit, die K-Pop dem Land eingebracht hat, auch weitere (kulturelle) Bereiche – etwa die bildende Kunst – stärker in den internationalen Fokus rücken. Dank des „Gütesiegels K" gilt Südkorea mittlerweile als das Land, „das Hongkong als Brückenkopf vom Westen in den asiatischen Markt ablösen könnte" (Nieswandt 2022). In nur wenigen Jahren haben sich etwa die bedeutendsten Galerien aus Europa und Nordamerika in der Hauptstadt Seoul angesiedelt, von Pace und Ropac über Perrotin, Gladstone Gallery oder Peres Projects (Buhr 2022). Das hat auch damit zu tun, dass große Unternehmen wie Samsung, Hyundai oder Amorepacific eigene Sammlungen haben und private Ausstellungshäuser, oft „Museum" genannt, betreiben. Zudem sind prominente K-Pop-Idols in Kunstszene, Kulturbetrieb und -politik aktiv. Allen voran RM von BTS, der im In- und Ausland als Kunstsammler geschätzt wird und auch als Vermittler agiert, wenn er in den Sozialen Medien über Ausstellungen und künstlerische Positionen postet oder – wie auf seinem jüngsten Soloalbum – darüber singt. Sein 2022 in Zusammenarbeit mit Erykah Badu entstandener Song *Yun* ist zum Beispiel dem Künstler Yun Hyongkeun gewidmet, einem bedeutenden Vertreter der südkoreanischen Kunstbewegung Dansaekhwa. Auf dem Cover des dazugehörigen Albums *Indigo* befindet sich ein Gemälde des Künstlers aus dessen Frühwerk, als dieser seinen persönlichen Stil noch nicht so richtig gefunden hatte. Das zumindest gibt RM in einem Interview als Grund für die Gestaltung an: Er wolle damit suggerieren, dass er seinen Stil ebenfalls noch nicht gefunden habe (BANGTANTV 2022). Bescheidenheit ist ein nicht zu unterschätzendes Motiv im K-Pop.

Auf solche Entwicklungen wird in Südkorea mit einem lachenden und einem weinenden Auge geblickt. Dass die Einzigartigkeit der eigenen Kultur endlich gesehen wird, begrüßt man. Gleichzeitig wurde es von manchen auch als (erneute) Invasion empfunden, als innerhalb von fünf Jahren fast alle wichtigen Galerien und Unternehmen Seoul mit ihren überwiegend westlichen Vorstellungen und Künstler:innen pflasterten.

Mehr als alles andere repräsentiert der Aufstieg von K-Pop, der mit großer weltweiter Anerkennung (auch in Bereichen jenseits der Popkultur) einhergeht, ein durchaus vorherrschendes Grundgefühl von Dynamik und Schnelligkeit, von Erfolg und Stolz (das dann wiederum von einigen mehr, von anderen weniger geschätzt wird). Denn der bunte, schnelle, überdrehte Pop steht auch für eine überdrehte kapitalistische Welt. Sie ist aalglatt und verlockend. Über diesen Aufstiegsnarrativen schwebt die Frage, die in und außerhalb von Südkorea, in der

Wissenschaft und im Journalismus alle zu beschäftigen scheint: Warum ist K-Pop derart erfolgreich? Was ist das „Conundrum of Global Korean Culture"? (Kim, S. 2022, 86) Wie hat es Südkorea geschafft, in den globalen Blick zu geraten, „Kim-chic" (Yoo 2020, 170) zu werden? Wie konnte dieses Land die Erinnerungen an die japanische Kolonialzeit aufarbeiten? Wie ist es ihm gelungen, mit den seit dem Koreanischen Waffenstill-standsabkommen von 1953 von Nordkorea auf Seoul gerichteten Langstreckenraketen umzugehen? Vielleicht liefert das in der Modebranche spielende K-Drama *The Fabulous* (2022) eine erste Antwort darauf. Das Motto der Hauptprotagonist:innen lautet „낸다까라야!" (naep-dakkaraya), was so viel heißt wie „einfach weitermachen", ohne sich um zurückliegende Misserfolge oder Probleme zu scheren. Ohne zu zögern. Umfassendere mögliche Antworten darauf verführen wiederum zum epischen K-dramaesken Erzählen, wo Generationenkonflikte sowie Aufstiegs- und Rachegeschichten gewiss nicht zufällig zum Standardrepertoire gehören. Ja, die Geschichte von K-Pop wird oft so dargestellt, als handle es sich dabei selbst um ein einziges, 16 Folgen à 1,5 Stunden dauerndes K-Drama.

Antworten auf das Rätsel gibt es jedenfalls viele, manche betreffen die südkoreanische Bevölkerung, andere die Machart der Produktionen oder aber deren Rezeption im Westen. Man wird wohl nicht ganz um eine möglicher-weise ungemütliche Antwort herumkommen, nämlich dass es auch mit Normen und Wertvorstellungen zu tun hat, die man in Europa und Nordamerika explizit hinter sich gelassen hat bzw. hinter sich lassen möchte. Das betrifft zum Beispiel Schönheitsideale, Geschlechterrollen, gesellschaftliche Hierarchien und das Generationenver-hältnis. Immer wieder liest man in Fan-Foren oder hört man in privaten Gesprächen: In der K-Popkultur gebe es noch schöne Menschen, beschützende Männer und niedliche Frauen oder einen respektvollen Umgang mit älteren Menschen. Es ist keine diverse Gesellschaft und keine Gesellschaft, die ein postmodernes Denken verinnerlicht hat.

Es gibt allerdings auch eine völlig entgegengesetzte Rezeption. Dort wird die „softe Maskulinität" männlicher Idols als Ausdruck von Geschlechterfluidität betrachtet. So kann es vorkommen, dass die gleichen Idols wahlweise wegen ihrer patriarchalen Eigenschaften oder, in der LGBTQ+-Community, wegen ihrer Non-Binarität geschätzt werden. Beide Lesarten zeugen aber von einer Unkenntnis der koreanischen Kultur und Gesellschaft.

Das bisher Geschriebene dürfte sich für diejenigen, die noch nie etwas von K-Pop gehört haben, wie eine dreiste Behauptung lesen. Während der Arbeit an diesem Buch fiel mir auf, dass zum Beispiel BTS trotz der permanenten Besetzung sämtlicher Chartspitzen auch im westlichen Musikmarkt für viele in Deutschland noch immer ein absolutes Novum ist. Obwohl in dem von der International Federation of the Phonographic Industry herausgegebenen Global Music Report, für den auf Grundlage von Verkäufen, Streamings, Downloads und Auftrittsrechten globale Chartlisten erstellt werden, BTS in der Kategorie „Most popular artist and best sellers" 2022 erneut auf Platz eins war – noch vor Taylor Swift, Adele, Drake, Justin Biber oder Billie Eilish – fragen sich hierzulande viele: BTS? K-Pop? Was ist das?

Einerseits sind derartige Gefälle in Zeiten von sogenannten „Filter Blubbles" bei gleichzeitigem Relevanzverlust der traditionellen Medien und Gatekeeper nicht unbedingt überraschend. Andererseits wird der Zugang allen, die vorwiegend traditionelle Medien wie Zeitungen und Zeitschriften, Radio und Fernsehen konsumieren, faktisch kaum ermöglicht. Im Radio wird K-Pop nur selten gespielt – mit Ausnahme einiger überwiegend englischsprachiger Hits von BTS oder Blackpink (Byrne/ Gopaldas 2020). In den wichtigsten internationalen Charts wie Billboard oder bei Preisverleihungen wie den Video Music Awards kommen K-Pop-Stars seltener vor, weil sie unter der eigenen Rubrik „K-Pop" und nicht etwa „Best Pop" gelistet werden und damit vom Vergleich mit anderen Popmusiker:innen ausgeschlossen sind (Ki 2020, 95). Und das Feuilleton? Das liest sich zum Beispiel so: „Eine koreanische Girlband landet einen Skandal-Hit. *Wrap Me in Plastic* heißt das seit einigen Tagen im Internet explodierende Lied von Momoland. […] Momoland machen sogenannten K-Pop, koreanische Popmusik, die auch hiesige Sportarenen füllt. In denen sich dann beobachten lässt, wie sich die Zuschauerinnen mit lasziven Schuluniformen und Kulleraugenschminke ihrer Asien-Fantasie annähern und wiederum die Künstlerinnen auf der Bühne dem Westen: chirurgisch angehobene Nase, zweite Lidfalte, gebleichter Teint; der Fachmann spricht vom ‚Bagle-Face'. […]" (Eimermacher 2020).

Diese Rezension von Martin Eimermacher in *DIE ZEIT* ist repräsentativ für das feuilletonistische Schreiben über K-Pop. Auch wenn sich so langsam Veränderungen abzeichnen: Man neigt zur Exotisierung, und Autor:innen scheinen sich nicht selten von den Acts eingeladen zu fühlen, misogyne und sexistische Kommentare zu hinterlassen. Ebenfalls ein alteingesessener Topos: K-Pop-Stars eifern ‚dem Westen' nach. Ohne einen interkulturellen Austausch auch in diese Richtung leugnen zu wollen: Damit wird ihnen von vornherein jede für die westliche Kulturkritik so bedeutsame Eigenständigkeit und Originalität abgesprochen. Dass die Popularität von K-Pop wiederum nur einigen „Asia-Fetischisten" zugeschrieben wird, deren Urteil entsprechend fragwürdig sei, diskreditiert zudem den qualitativen Stellenwert.

Die Grenze zwischen „high" und „low", hoher Kultur und niederer Kultur gibt es nicht mehr? Der Graben ist endlich geschlossen, die Kluft überwunden? Es herrscht endlich eine neue, offene Betrachtung der Welt und der Dinge der Welt, das, was Susan Sontag schwärmerisch die „new sensibility" nannte? Leider nein. Ein solch herablassender und elitärer Artikel über die K-Pop-Band Momoland ist einer von vielen Gegenbeweisen: Es gibt diese Grenze sehr wohl noch.

Zwar mögen beim Blick ins heutige Feuilleton erstmal Zweifel an meiner Beobachtung aufkommen, kommen Rezensionen oder Beiträge aus den vormals hoch-kulturellen Bereichen wie Oper, Theater und selbst Literatur mittlerweile kaum noch vor. Demgegen-über steigt die Anzahl von Artikeln zu anerkannten und etablierten Produktionen und Popstars wie Beyoncé oder Britney Spears, zu aktuellen TV-Serien diverser Streaming-anbieter oder zu aktivistischen Ereignissen und Gruppen, ja generell zu politischen Themen. Sosehr Popkultur von der populären Kultur abgeleitet ist, deren Motor die Zahlenmagie der Quantität ist, ja die sich dadurch aus-zeichnet, dass sie von besonders vielen Menschen gekannt wird, so sehr haben einige ihrer Produkte mittlerweile selbst einen elitären Status erreicht. Es gibt kulturelle Hierarchien und einen Kanon, der sich nicht not-wendigerweise nach Zahlen richtet – sprich: nach dem, das von der immer schon und weiterhin verhöhnten „Masse" konsumiert wird. Umgekehrt schließt ein pop-kulturell sozialisiertes Bildungsbürgertum bestimmte Arte-fakte mal mit mehr und mal mit weniger Vehemenz aus – dazu zählt beispielsweise K-Pop.

Natürlich ist nachvollziehbar, dass aus europäischer Perspektive die mit der vielfach und zurecht kritisierten K-Pop-Industrie verbundene Standardisierung regelmäßig zu Befremden führt, widerspricht sie doch dem Wunsch nach künstlerischer Autonomie und dem weiterhin hartnäckigen Glauben an Genialität. Die Disziplinierung, die sich im K-Pop ausdrückt, läuft dem Ideal des westlichen Popstars zuwider. Doch der Anspruch eines wilden genialischen Popstars ist in der K-Pop-Industrie schlicht nicht so ausgeprägt, vielmehr geht es um die Perfektion bei der Ausführung, ja die Übererfüllung von vorherrschenden Standards (Beregow 2019, 27).

Auch das Militärische, das in der Disziplinierung der Körper der ‚Idols‘, wie sie nicht grundlos anstatt ‚Stars‘ genannt werden, ihrem uniformierten Auftreten, und der Exaktheit der Performance zum Ausdruck kommt, widerspricht der hierzulande vorherrschenden Forderung nach Individualismus, Authentizität und Gegenkulturalität (ebd.). Bands wie BTS sind selten explizit kritisch oder politisch. Es kann sogar vorkommen, dass sie Regierungsvorhaben bewerben. In Korea ist mit K-Pop zudem ein gewisser Patriotismus verbunden. In *Populäre Kulturen zur Einführung* haben Niels Penke und Matthias Schaffrick eine hilfreiche und weiterführende Unterscheidung zwischen den Begriffen ‚Populär‘ und ‚Pop‘ vorgenommen. Sie schreiben, „mit der Abkürzung fällt der Begriff ‚Volk‘ aus der Semantik des Pop heraus“ (Penke/Schaffrick 2018, 116).

Insofern ist K-Pop zumindest in Korea nicht nur Pop, sondern auch Populär-, ja Volkskultur. Als solche bietet sie bekanntlich wenig Reibungsflächen, vielmehr soll sie für möglichst viele unterschiedliche Menschen identitätsstiftend sein. Das bedeutet wiederum: K-Pop kann man unpolitisch rezipieren. Richtig gelesen: unpolitisch und unbefangen. Mit einer solchen Wahrnehmungspraxis ist man hierzulande kaum noch vertraut, ja geradezu aus der Übung geraten. Das macht sie als Alternativkultur für ein westliches Publikum wiederum interessant.

Es gibt also in mehrfacher Hinsicht Asymmetrien: Zum einen zwischen dem quantitativ messbaren Erfolg von

K-Pop und dessen Ausschluss aus dem westlichen Mainstream, obwohl dieser angibt, „international" zu sein und Popularität nicht zu behaupten, sondern zu messen. Zum anderen – aber auch damit einhergehend – zwischen der Präsenz von K-Pop in den klassischen Medien Radio und Fernsehen und dem Internet. Und diese beiden Asymmetrien stehen in gewisser Weise auch für zwei kulturelle Kampfplätze, auf denen alte Mächte ihre Monopolstellung verteidigen möchten: Die amerikanische Popmusikindustrie will die größte und wichtigste der Welt bleiben, die klassischen Medien wollen ihre Relevanz gegenüber den digitalen Medien nicht verlieren. Medienströme und Gegenströme sind Teil des umfassenderen Kampfes, bei dem es darum geht, die Machtverhältnisse in der globalen Informationswirtschaft zu bestimmen (Thussu 2006, 27).

Durch das Internet und die Sozialen Medien hat sich die Musikindustrie grundlegend verändert: Sowohl Vermarktung als auch Gewinne werden nur noch geringfügig über physische Tonträger wie CDs und deren Verkauf in Multimediageschäften erzielt, sondern Musik wird hauptsächlich über Streaming im Internet konsumiert. Und das ist fast von überall auf der Welt möglich. Wenn man sich also für K-Pop interessiert, gibt es keine Zugangsbeschränkungen – außer die Sprache. Und für den sprachlichen Zugang sorgen wiederum weniger etablierte kulturelle Institutionen, sondern vor allem Fan-Communitys.

Mittlerweile sind unter K-Pop-Fans einige Praktiken besonders ausgeprägt, die zwar generell in der Fankultur angelegt, aber deutlich organisierter sind und damit sogar einige Überschneidungen zu geisteswissenschaftlichen Tätigkeitsfeldern aufweisen. Angefangen vom Sammeln und Kategorisieren von Materialien zu den begehrten Themen, Stars oder Produkten, über die Analyse und Interpretation in Blogbeiträgen oder

Twitter-Threads bis hin zum Formulieren von Kritik, etwa in Form von Reels, Reaction Videos oder Podcast-Diskussionen. In besonderem Maße agieren Fans als „neue Kulturvermittler:innen" (Lee, H.-k. 2012, 132), die Übersetzungsleistungen übernehmen (z. B. Fansubbing), auf Newsseiten Informationen bereitstellen und kontextualisieren. Sie sind also auch über das Generieren von Klickzahlen hinaus in größerem Ausmaß als bislang üblich strukturell an der Anerkennung und Wirkung der Stars und ihrer Artefakte beteiligt.

Wenn man K-Pop als eine Populärkultur der Sozialen Medien ernst nimmt, gelangt eine hartnäckige Vorstellung an ihr Ende, die im westlichen Denken und Schreiben über populäre Kultur seit dem 18. Jahrhundert fest verankert ist, nämlich dass die Adressat:innen und Rezipient:innen wegen ihrer fehlenden Bildung wahlweise vor dem Populären beschützt oder dadurch unterstützt bzw. aufgeklärt werden sollen. Das Schreiben über Einflüsse und Trends bislang nicht bekannter oder nicht vertrauter Kulturen – gerade aus dem ostasiatischen Raum – muss überdacht oder sensibilisiert werden. Vor allem, da der interkulturelle Austausch über die Sozialen Medien so groß ist wie nie zuvor.

Die noch immer vorherrschende eurozentrische Perspektive kommt einem zunehmend wie eine entrückte Stimme aus dem Off vor, die gar nicht mehr kommentiert, was gerade passiert. Man denke nur an die Fußball-WM, die 2022 in Katar stattfand und unter anderem wegen Korruptionsvorwürfen, der Menschenrechtslage im Gastgeberland sowie homophoben Aussagen des WM-Botschafters in Deutschland scharf kritisiert wurde. Diese Kritik mündete verständlicherweise in der Frage, wie man mit der Weltmeisterschaft umgehen sollte. Sollte man sie boykottieren? Oder doch wegschauen, sich anstelle politischer Debatten auf den Fußball konzentrieren und ganz den Spielfreuden hingeben? Insgesamt entschieden sich die deutschsprachigen Medien schließlich für eine moderate Beobachtung, die ohne viel Euphorie auskam. Und während Hollywood-Star Morgan Freeman für seinen Auftritt bei der Eröffnungsfeier in den Sozialen Medien viel Spott abbekam, dürften viele gar nicht bemerkt haben, dass auf der gleichen Bühne Jungkook von BTS gemeinsam mit dem katarischen Sänger Fahad Al Kubaisi seinen Song *Dreamers* präsentierte, der zum offiziellen Soundtrack der WM gehörte. Im Musikvideo schreitet der K-Pop-Star durch pompöse Luxusanwesen, einen Obst- und Gemüse-Markt, auf dem Männer im weißen Gewand, dem Thawb, und freizügige Frauen gleichermaßen tanzen. Rote Gewürze werden in die Luft gewirbelt und erzeugen den Anschein, es handle sich um so etwas wie das Holi Colours Festival. Dazwischen sieht man das K-Pop-Idol auf futuristischen Wolkenkratzern tanzen. Das Video suggeriert Weltoffenheit: Jungkook und die diverse pop- und jugendkulturelle Welt, die er verkörpert, habe die gleiche Berechtigung wie jene traditionelle, für die Fahad Al Kubaisi steht. Seine Szenen sind begleitet von Moscheen wie aus Tausend-und-einer-Nacht und Trommeln im Wüstensand. Dazwischen sieht man immer wieder Jungkook und katarische Männer mit Ghitra im bunten Fahnenmeer tanzen. Wie sehr man sich auch anstrengt – die europäische oder US-amerikanische Flagge sind nicht zu sehen. Auch die popkulturellen Referenzen dürften für das westeuropäisch oder nordamerikanisch geschulte Publikum nur mühevoll zu entschlüsseln sein. Was ist zum Beispiel mit dem fliegenden Wal? Ist der eine Anspielung auf die im selben Jahr so erfolgreiche K-Dramaserie *Extraordinary Attorney Woo*?

Besprechungen des Songs oder Musikvideos gab es kaum, abseits der obligatorischen Rekord-Bekanntgaben (100 Millionen Spotify-Streamings in einem Monat, eine Millionen Reels auf TikTok etc.) gab es einen kritischen Kommentar auf der Website von *Musikexpress*, der allerdings nicht inhaltlich wurde, sondern vor allem die Kritik an der WM wiedergab und sich verständnislos zeigte, was die generelle Partizipation von Jungkook anging (ME-Redaktion 2022). Ob diese Kritik berechtigt ist oder nicht: Der Unfähigkeit einer Einordnung liegt ein Missverhältnis zugrunde, das seinerseits nicht bestritten werden kann.

Der südkoreanische Videokünstler Nam June Paik hat sich 1968 in seinem Manifest „EXPANDED EDUCATION FOR THE PAPERLESS SOCIETY" dem „East-West-Problem" gewidmet (Paik 1968). Darin schrieb er, wenn der Westen nur einen Bruchteil dessen über den Osten wüsste, was der Osten über den Westen wisse, dann gäbe es keine Kriege mehr. Das ist natürlich eine provokative Zuspitzung. Und dieser Einwand soll die berechtigte Kritik an nicht-europäischen Bedingungen, wie sie etwa an Katar oder auch an die K-Pop-Industrie gerichtet wird, keinesfalls hinfällig machen. Aber in einer Hinsicht hat Paik gewiss recht: Jede Einordnung und jede Kommunikation wird aufgrund von Unkenntnis immer nur unter Vorbehalt stattfinden können. Sei es die WM in Katar oder K-Pop überall in der Welt – an diesen popkulturellen Phänomenen lässt sich eine tatsächliche Mächteverschiebung ablesen. Und eine eurozentrische Perspektive muss man sich leisten können. Ob es also gefällt oder nicht: Es ist Zeit, sich damit zu beschäftigen. Es ist Zeit, dass der Westen mehr über den Osten weiß. Und wie lässt sich das besser vermitteln als über Popkultur?

Hallyu und die Globalisierung von K-Pop

„I Think I Can Do Gangnam Style"

(Barack Obama)

Im Westen etwas Neues

2012 erreichte Deutschland ein etwas seltsam anmutender Tanz, der an hektische Reitbewegungen erinnerte. In der Rückschau muss man sagen: *Gangnam Style* war so etwas wie der Einbruch der Koreanischen Welle außerhalb Ostasiens. Man kommt einfach nicht umhin, wenn man über *Hallyu* schreibt, Park Jae Sang zu erwähnen, der unter seinem Künstlernamen Psy und mit seinem Musikvideo zu *Gangnam Style* auf YouTube in wenigen Tagen zu einem viralen und globalen Internet-Hit wurde. Unzählige User und Prominente haben damals die unverblümt bis despektierlich „Pferdetanz" genannte Choreografie reenacted, darunter der chinesische Künstler Ai Weiwei,

© Der/die Autor(en), exklusiv lizenziert an Springer-Verlag GmbH, DE, ein Teil von Springer Nature 2023
A. Kohout, *K-Pop,* Essays zur Gegenwartsästhetik, https://doi.org/10.1007/978-3-662-67577-9_2

der die im Original angelegte Persiflage von Südkoreas Neureichen und Mächtigen in eine Kritik des chinesischen Machtapparates umdeutete. Und selbst Barack Obama soll geäußert haben: (Yes,) „I Think I Can Do Gangnam Style" (Wellgraf 2013).

Psy war bereits seit seiner Debütsingle 새 *(Bird)*, die 2001 erschien, ein fester Bestandteil der südkoreanischen Musikindustrie, und auch *Gangnam Style* wurde ursprünglich für diesen Markt produziert. Dass er zufällig durch die Sozialen Medien zu einer überraschenden globalen Sensation wurde, war Auslöser und gleichzeitig fester Bestanteil aller journalistischen Erzählungen über den K-Pop-Star, der fortan in den großen US-Medien wie dem *Time Magazine, CNN*, dem *Wall Street Journal* und *The Atlantic* zirkulierte (Lee, S. 2015, 3).

Für die K-Popmusikindustrie war das der ersehnte Durchbruch eines von längerer Hand geplanten Erfolgs. Seit 2008 versuchte sie mit großem finanziellen Einsatz, einen Zugang zum US-amerikanischen Musikmarkt zu erhalten. Aber die angestrebte Reichweite blieb lange Zeit aus. Da war zum Beispiel die Sängerin BoA, die seit der Jahrtausendwende in Südkorea, aber auch in Japan große Erfolge feierte. Mit elf Jahren wurde sie von SM Entertainment, einer der einflussreichsten *Entertainment Companys* Südkoreas, entdeckt und debütierte dann zwei Jahre darauf mit ihrem Album *ID; Peace B*. Das war 2000 und ganz dem Geist dieser Zeit entsprungen: ein Teenie-Pop-Genremix, mit Songtexten über neue technische Innovationen; im Musikvideo zum Song ein monochromer schwarz glänzender Look, Einsatz von Windmaschine und überhaupt so eine Wachowski-Brothers-Matrix-Atmosphäre. Inhaltlich geht es in *ID; Peace B* um die vernetzte Welt, den Generationen-Gap und das Leben in der virtuellen Realität. Ihr zweites Album *Listen To My Heart* wurde schlagartig zum Hit, und es gelang ihr als erste südkoreanische Künstlerin, an die Spitze der japanischen Charts zu kommen. Sie wurde daraufhin auch in China und Taiwan ein Star und schließlich zur „Queen of Pop" Südostasiens (Pardo 2022, 162). Das war Grund genug, optimistisch zu sein, dass ihr vergleichbarer Erfolg in den USA gelingen könnte. Doch die 2008 dort veröffentlichte Single *Eat You Up* floppte. Genauso erging es Se7en, ebenfalls ein Solokünstler, der sowohl in Südkorea als auch in Japan enorm erfolgreich war. Er versuchte sein Glück auf dem US-Markt 2009. Seine Single *Girls* wurde von Rodney Jerkins produziert, der für eine Vielzahl von Hits für Interpreten wie Destiny's Child, Mariah Carey, Jennifer Lopez, Toni Braxton, Whitney Houston oder auch Michael Jackson verantwortlich war. Das nutzte ihm allerdings genauso wenig wie der englischsprachige Titel und die Zusammenarbeit mit Lil Kim. Nach „rekordverdächtig niedrigen" Verkaufszahlen seiner Single kehrte er nach Korea zurück (Lee, S. 2015, 4).

Es bleibt bloße Spekulation, warum es zu diesen Misserfolgen kam. Ob es an der damals noch vorherrschenden generellen Unterrepräsentation asiatisch gelesener Menschen lag oder an einer Überanpassung der K-Pop-Stars an den westlichen Musikmarkt? BoA scheint beispielsweise an Stars wie Jennifer Lopez oder Shakira orientiert. Der Ostasienwissenschaftler Kyung Hyun Kim hat beobachtet, dass es bis zu *Gangnam Style* die Tendenz gab, die koreanische Identität möglichst weitreichend „auszulöschen", um in den USA oder Übersee Erfolg zu haben (Beavan 2012). Ironischerweise wurde gerade Psy von den *Entertainment Companies* nie als „Exportartikel" gefördert (Cho 2012, 38). Und auch das westliche Publikum war zu dieser Zeit mit koreanischen Stars noch nicht vertraut: „Es ist immer noch sehr selten, dass man die koreanische Populärkultur im Alltag auch nur in einer einzigen Stadt außerhalb Asiens erlebt", schrieb die Kulturwissenschaftlerin und Autorin Sun Jung noch im Jahr 2011 (Jung 2011, 123).

Psy hat damals also offenbar aus Zufall etwas geschafft, was jahrelang forciert wurde: K-Pop auch über den ostasiatischen Raum hinaus großzumachen. Und das zu einer Zeit, in der die meisten Menschen hierzulande wohl nicht viel mehr über Korea wussten, als dass es geteilt ist und wie der nordkoreanische Diktator heißt: „Tanzen wie Kim Jong-Il" betitelte die Berliner Zeitung dann auch einen Artikel über diesen Schlüsselmoment 2012. Der aus heutiger Sicht mehr als nur abgelegene Vergleich zu Kim Jong-Il erinnert daran, wie unbekannt koreanische Kultur im Westen insgesamt und auch in Deutschland zu Beginn der 2010er Jahre war, wie hilflos die Berichterstattung über einen koreanischen Popstar erfolgte, der kurzum mit der offenbar einzig bekannten Person aus dem eigentlich geteilten Korea – dem nordkoreanischen Diktator Kim Jong-Il – assoziiert wurde.

Davon kann heute keine Rede mehr sein. In den Sozialen Netzwerken der 2000er Jahre hatte sich schon vor Psys Welterfolg zunehmend eine wachsende K-Pop-Fan-Community herausgebildet. Sie protestierte gegen die Unverfügbarkeit von K-Pop in Europa, als große Teile der Öffentlichkeit nicht einmal wussten, was das eigentlich war. Als ein für Juni 2011 geplantes Konzert mit fünf Idol-Gruppen der Firma SM Entertainment nach nur 15 Minuten ausverkauft war, fanden sich K-Pop-Fans aus ganz Europa zu einem Tanz-Flashmob zusammen, um mehr Karten und Plätze einzufordern. Als Kulisse für ihre Performance hatten sie sich kein geringeres Gebäude als den Louvre ausgesucht. Eilig reagierte SM Entertainment mit zwei weiteren Konzerten (Cha/Kim 2011).

Das Bild der K-Pop-Fans vor dem Louvre ist ein Sinnbild für die lange Zeit und im Grunde bis heute bestehende tiefe Kluft zwischen den (Fan-)Communities in den Sozialen Medien einerseits und der etablierten Musikindustrie andererseits. 2011 verzeichnete der You-Tube-Kanal von SM Entertainment mehr als 502 Millionen Besucher:innen für Musikvideoaufrufe, aber die Bands des Kanals schafften es trotz ihrer enormen Popularität in den Sozialen Netzwerken nicht, einen ausreichend großen Hype zu erzeugen, um den US-Popmarkt zu durchdringen – bis Psy wiederum dank der Dynamik auf den Plattformen ebenjener Hype gelang und damit die Koreanische Welle in den Westen schwappen ließ (Kwang 2011, zit. n. Lee, S. 2015, 5).

Yonsama und die Entstehung der Koreanischen Welle

Mit welchem Vergleich ließe sich veranschaulichen, was für einen Stellenwert Bae Yong-joon, auch liebevoll-ehrfürchtig Yonsama genannt, in der koreanischen Populärkultur hat? Vielleicht am ehesten so: Yonsama ist der James Dean der K-Dramen. Natürlich ist das einerseits total schief, denn James Dean ist *die* Verkörperung des Rebellen und damit einer Gegenkulturalität, die es in südkoreanischen Serien zur Jahrtausendwende nicht wirklich gab. Und doch, ein klein wenig: Eine Szene in der ersten Folge der Serie *Winter Sonata* (2002) des Fernsehsenders KBS, die nicht nur Yonsama, sondern der K-Populärkultur insgesamt in ganz Ostasien zu enormer Bekanntheit verhalf, versprüht schlicht und ergreifend James Dean-Vibes. Die Serie steigt unvermittelt eines Tages ein; zwei Schüler begegnen sich im Bus auf dem Weg zur Schule, Joon-sangs (Yonsama) Klassenkameradin Yoo-jin (Choi Ji-woo), die neben ihm im Bus sitzt, schläft auf seiner Schulter ein, und man braucht nicht K-Drama geschult sein, um zu erahnen, dass sich eine Liebesbeziehung zwischen den beiden entspinnen wird. Da er sie nicht aufweckt, verspäten sich die beiden. Während die brave und vorbildliche Schülerin Yoo-jin rennt, so schnell sie kann, um noch rechtzeitig zur ersten Stunde zu erscheinen, da ansonsten eine Strafe droht, lehnt sich Joon-sang erst einmal lässig an eine Mauer und zündet sich genüsslich eine Zigarette an. Als Yoo-jin sich kurz umdreht, um ihn ebenfalls zum Rennen zu animieren, sieht sie ihn so stehen (und wir Zuschauer:innen mit ihr), so unnahbar und schön, und sie wird verzaubert (und wir Zuschauer:innen mit ihr).

Es ist dieser Zauber, der im Nachhinein dafür verantwortlich gemacht wurde, dass sich die sogenannten K-Dramen – südkoreanische Serien – nicht mehr nur im eigenen Land, sondern auch in Japan und schließlich in vielen Ländern Ostasiens wachsender Beliebtheit erfreuen. Der japanische Sender NHK strahlte die Serie kurze Zeit später ebenfalls aus, was besonders unter Japaner:innen mittleren Alters einen regelrechten „Yonsama-Wahn" (Yoo 2020, 175) auslöste. Tausende Fans reisten zu den Drehorten in Korea. In der Gangwon-Provinz, einem der Hauptschauplätze des Dramas, wo sich das Paar zum ersten Mal küsst, wurde eine Bronzestatur errichtet, die sich schnell als Pilgerort etablierte. Die Serie forcierte auch einen Boom an Koreanisch-Sprachkursen in Japan. Romane aus Südkorea wurden übersetzt, Reiseführer produziert, DVDs und andere Produkte fanden großen Absatz in Japan.

Die emotionale Anteilnahme von Japaner:innen an dem Drama veränderte auch deren Koreabild grundlegend. Für viele war es sogar der erste Berührungspunkt mit dem Land, das während der Kolonialzeit Anfang des 20. Jahrhunderts von ihrer Eltern- und Großelterngeneration besetzt worden war. Bis dahin sahen sie in Koreaner:innen ein Volk aus einer fernen Vergangenheit, das noch immer traditionelle Kleidung trägt, oder sie hatten das koloniale Erbe aktiv verdrängt. Bevor *Winter Sonata* erschien, war der kulturelle Austausch zwischen Südkorea und Japan einseitig: Südkoreaner:innen kamen massenweise in den Genuss japanischer Musik, Filme und Animes. Aber nicht umgekehrt. Dies hatte sich nun geändert. Plötzlich war sogar von „Seifenoper-Diplomatie" die Rede (ebd., 176). *Winter Sonata* war zwar nicht der erste Kulturexport dieser Art, aber doch der bis dahin folgenreichste, da er das Potential für Märkte jenseits der eigenen Landesgrenzen spürbar werden ließ – und insofern ein wichtiger Schritt für die südkoreanische Kulturindustrie war. Das führte zum nachhaltigen Ausbau von Infrastrukturen, um ein breiteres, hauptsächlich ostasiatisches Publikum erreichen zu können.

Etwas früher wurde K-Pop bereits zu einem wichtigen Faktor für die Neugestaltung der Beziehung zwischen Südkorea und China, die 1992 nach vier Jahrzehnten Feindschaft offiziell diplomatische Beziehungen aufgenommen hatten. Dadurch wurde auch der chinesische Markt für K-Populärkultur geöffnet und umgekehrt das Auslandsreiseverbot für Südkoreaner:innen aufgehoben, sodass K-Pop-Gruppen wie H.O.T. (High Five of Teenager) in China auftreten konnten: ein regelrechtes Sprungbrett für die darauffolgende Verbreitung in ganz Ostasien (ebd.).

Der Begriff *Hallyu* wurde dann auch erstmals 1998 von chinesischen Medien geprägt, um der plötzlichen Begeisterung der Jugendlichen für südkoreanische Pop-Produkte einen Namen zu geben (Lee, S. 2015, 7). In den immer häufiger publizierten Texten ostasiatischer Autor:innen über *Hallyu* überschlug man sich um die Jahrtausendwende geradezu mit Ausdrücken des Erstaunens: „1965 wurden die Beatles zu Mitgliedern des ‚Most Excellent Order of the British Empire' ernannt. Wenn

Korea heute einem koreanischen Prominenten das Äquivalent zum britischen Ritterschlag verleihen würde, wäre die erste Person auf der Liste der Schauspieler und Sänger Ahn Jae-wook, der vielleicht etwas erreicht hat, was kein Politiker, Geschäftsmann oder Diplomat jemals für eine Nation tun könnte. Ahn erfreut sich in China einer unübertroffenen Beliebtheit und hat in einer kürzlich durchgeführten Umfrage Leonardo DiCaprio als beliebtesten Prominenten abgelöst" (Cho 2005, 151). Hier begann das superlativische Sprechen über K-Popkultur.

Ahn Jae-wook war Hauptdarsteller der K-Dramaserie *Star in My Heart* von 1997, die zusammen mit K-Dramen wie *What is love* (1991/92) und *Winter Sonata* ebenfalls häufig als Ursprung des „Drama-Wahns" und der ersten *Hallyu*-Welle genannt wird. Im allgemeinen werden derzeit zwei *Hallyu*-Phasen unterschieden: *Hallyu 1.0*, die sich von den 1990er Jahren bis 2007 erstreckte, und *Hallyu 2.0* von 2007 bis heute. Die zweite *Hallyu*-Welle umfasst nicht mehr nur K-Dramen und K-Popmusik, sondern auch Produkte wie digitale Spiele, Kosmetika (etwa Marken wie klairs, Mizon etc.) und plastische Chirurgie (Ganghariya/ Kanozia 2020, 178). Auch führende südkoreanische Unternehmen wie Samsung, Hyundai und LG sowie der große Marktanteil von Choco Pie in Russland, Nongshim Cup Noodles in China oder NC-SOFTs Massen-Mehrspieler-Online-Rollenspiel Guild Wars 2 in den Vereinigten Staaten werden als *Hallyu*-Symptome der zweiten Welle betrachtet (Choi 2015, 31). Während Deutschland von der ersten Welle weitgehend unberührt blieb und diese sich – wenn überhaupt – auf die vereinzelte Wahrnehmung von K-Popmusik beschränkte, was nicht zuletzt mit der nur selten vorhandenen Verfügbarkeit südkoreanischer Dramen (noch seltener: mit deutschen Untertiteln) zusammenhing, ist die zweite Welle ein weltweites Phänomen.

Wenn von *Hallyu* gesprochen wird, dann sind nur jene Produkte gemeint, die beim Publikum außerhalb Südkoreas beliebt sind – unabhängig von ihrer Popularität innerhalb des eigenen Landes. Wenig überraschend sind in Südkorea andere Bands in den Charts oder K-Dramen im Gespräch als außerhalb. Gleiches gilt für Beauty-Produkte, von denen ohnehin nur ein Bruchteil nach Europa oder Nordamerika exportiert werden. Auch was digitale Plattformen betrifft, dominieren regionale Anbieter wie Naver statt Google, Kakao statt WhatsApp oder Melon statt Spotify.

Es gibt verschiedene Theorien, wie *Hallyu* möglich wurde, die alle eine gewisse Plausibilität besitzen. Fraglos basiert die südkoreanische Kulturindustrie auf dem enormen wirtschaftlichen Erfolg, den das Land durch seine unglaublich schnelle Industrialisierung erzielen konnte. Der immense sozioökonomische Wandel, den Europa über zwei Jahrhunderte und Japan innerhalb von 60 Jahren erlebte, fand in Südkorea innerhalb von nur drei Jahrzehnten statt, weshalb der vielrezipierte Soziologe Chang Kyung-sup die Nachkriegsentwicklung Südkoreas als „komprimierte Moderne" definiert hat (Chang 1999, 30). Insbesondere in Südkorea selbst wird *Hallyu* als ein Symbol der eigenen *Hard Power* betrachtet, dessen innovative Kulturtechnologie es Unternehmer:innen und Arbeiter:innen ermöglichte, professionelle kulturelle Produkte herzustellen (Kim, B. 2015, 156). In dieser Hinsicht ist *Hallyu* nicht nur ein kulturelles, sondern (und vor allem?) ein ökonomisch-industrielles Phänomen. Nicht zuletzt die Existenz des Begriffs, der wie ein Label verwendet wird, macht es als solches auch handhabbar.

Dass man gerade in China einen Begriff für das Phänomen gefunden hat und sich vor allem K-Dramas dort so großer Beliebtheit erfreuen, wird hingegen oft mit deren *Soft Power* erklärt: nämlich, dass sie die traditionellen und für lange Zeit geteilten konfuzianischen Werte (Loyalität, Frömmigkeit, usw.) aufrechterhalten und würdigen, die in westlichen Produktionen kaum eine Rolle spielen. Insofern wird K-Pop auch als „Missionar ostasiatischer kultureller Werte" angesehen (ebd., 157).

Dazu passt die These des Filmwissenschaftlers Lee Sangjoon. Er schreibt, *Hallyu* wurde dank eines Perspektivwechsels in Südkorea möglich: „Asien war für Koreaner eine unsichtbare, dunkle Region, denn die Hauptzielgruppe für ihre Produkte waren die Verbraucher in den Industrieländern, d. h. die westlichen Märkte" (Lee, S. 2015, 8). Wurden Asien und die benachbarten Märkte von Südkorea seit den 1960ern jahrzehntelang wegen einer nahezu ausschließlichen Orientierung am Westen vernachlässigt, wendete sich das Land – wie auch Japan und Taiwan – in den 1990er Jahren zunehmend dem asiatischen Markt zu. Durch den damit verbundenen ansteigenden Konsum ostasiatischer – anstatt westlicher – Populärkultur seien die entsprechenden Länder erstmals selbst zu den Hauptakteuren ihrer kulturellen Aktivitäten geworden, bemerkt der Kulturanthropologe Kim Bok-rae in seinem Aufsatz „Past, Present and Future of *Hallyu*": „Es ist interessant festzustellen, dass die Menschen in Ostasien, nachdem sie durch die ‚komprimierte Modernisierung' wirtschaftliche Macht erlangt haben, in einer postmodernen Ära die Hauptakteure ihrer kulturellen Aktivitäten in und durch den Genuss der ostasiatischen Populärkultur sein wollen. In diesem Übergang von der westlich geprägten zur ostasiatischen Populärkultur sind sie nicht länger Untertane der Moderne" (Kim, B. 2015, 154). Daher sieht Kim *Hallyu* als einen Prozess der Neuordnung kultureller Macht und erkennt darin ein Symptom der Auflösung jener stereotypen Einteilung ‚westlicher Imperialismus versus Kolonialismus' bzw. ‚Erste Welt versus Dritte Welt' (ebd.). Und auch wenn von westlicher Seite teilweise daran festgehalten wird, sind die kulturellen Einflüsse Ostasiens auf Europa und Nordamerika unbestreitbar – beginnend bei Emojis und Selfies, endend bei einer Vielzahl technologischer Innovationen. Ob Powerbanks oder Selfie-Sticks: vieles, was hierzulande anfänglich belächelt wurde, war in China, Japan, Südkorea oder Taiwan längst selbstverständlich.

2003 rief die Regierung von Präsident Roh Moo-hyun die „Ära Nordostasiens" aus und betonte, dass Südkorea aktiv an dieser neuen Ära teilnehmen müsse (Shin 2006, zit. n. Lee, S. 2015, 9). Auch die Film- und Medienindustrie wurde davon beeinflusst. Das Ziel einer der größten Filmproduktionsfirmen des Landes – C.J. Entertainment – war es nun, „Asia's number one total entertainment group" zu werden (Korean Film Council 2007). Schließlich gründete die Regierung die Korea Foundation for International Cultural Exchange (KOFICE), um alle staatlichen und privaten Bemühungen bei der Entstehung von *Hallyu* zu orchestrieren – mit folgender Begründung: „Verschiedene Länder auf der ganzen Welt pflegen ihre Kulturindustrien auf wettbewerbsfähige Weise. Sie befinden sich in einem intensiven Konkurrenzkampf, um die Kulturwirtschaft als Mittel zur Wiederbelebung der nationalen Wirtschaft zu nutzen und auf die globale Bühne zu treten. Auch Korea konzentriert sich auf das unbegrenzte Potenzial seiner Kulturindustrie und hat diese als neuen Wachstumsmotor erkannt" (KOFICE 2008).

Durch enorm viele Forschungsgelder, zahlreiche neue Stipendien und die finanzielle Unterstützung von entsprechenden Forschungsinstituten und Universitäten seitens der südkoreanischen Regierung wurde dieses Ziel in den folgenden Jahren konsequent verfolgt. Es sind neue Fakultäten wie „Cultural Industries", „Culture and Contents", „Cinematic Contents", „Digital Contents", und „Digital Culture and Contents" entstanden, aus denen Kulturarbeiter:innen hervorgehen sollen, die für die Produktion von *Hallyu*-Inhalten ausgebildet werden (Choi 2013). Fraglos wird auch im Westen Kultur von Regierungen unterstützt – insbesondere, wenn diese für bewahrenswert gehalten wird. Ein vergleichbarer Support von Populärkultur scheint aber aus hiesiger Sicht doch etwas Neues zu sein.

Diese Entwicklung blieb unter südkoreanischen Autor:innen verständlicherweise nicht frei von Kritik: Die Regierung sei zu einem „promoter of popular culture" geworden (Lie 2012), und *Hallyu* sollte daher eher als „cultural formation" denn als populärer „cultural trend" betrachtet werden (Choi 2015, 45). *Hallyu* sei letztlich ein „staatliches Unternehmensprojekt [...], das von einer Handvoll Unternehmern, Mainstream-Medien, staatlichen Bürokraten und professionellen Beratern, meist mit Sitz in Korea, gesteuert wird" (ebd., 45).

Ebenfalls nicht ganz unvorhergesehen dürften die Einwände einiger tendenziell kulturpessimistischer Autor:innen gewesen sein, die die popkulturellen Produkte selbst bemängelten. Diese kamen ihnen wie ein Abklatsch der Produkte aus der amerikanischen Kulturindustrie vor. Somit konnten sie lediglich als weiteres Zeugnis für dessen Kulturimperialismus angesehen werden (z. B. Lee, H. 2001). Diese Wahrnehmung hat sich in den folgenden Jahren allerdings stark verändert, vielmehr erkannte man auch das Aufkommen von kulturellen Dialogen innerhalb Asiens, die wahrscheinlich gerade dadurch ermöglicht wurden, dass er nicht über zum Teil umstrittene traditionelle Kulturen, sondern über die kapitalistische Konsum-/Populärkultur erfolgte (Ibawuchi 2004, 2). Auf diese Weise habe der interasiatische Kulturkonsum zu neuen, grenzüberschreitenden Beziehungen und einem gegenseitigen Verständnis geführt.

Als der Kommunikationswissenschaftler Daya Kishan Thussu 2006 in seinem Buch *Media on the Move* die Medienzirkulationen in einer zunehmend digitalisierten globalen Kommunikationsökologie in den Blick nahm, hat er sich vor allem für die Verbreitung nicht-westlicher Medien interessiert. War der akademische Diskurs bis dahin stark geprägt von der Frage, wie sich der westliche oder globale Bereich auf den nicht-westlichen oder nationalen Bereich auswirkt, mit ihm interagiert und auf ihn reagiert, legte Thussu seinen Fokus auf das, was er die „Gegenströme" zum globalen Mainstream nannte. Konnte es diesen Gegenströmen – darunter Bollywood, lateinamerikanische Telenovelas und K-Popkultur – gelingen, kulturelle Identitäten zu formen und entmachtete Gruppen zu stärken? Konnten sie dazu beizutragen, politische Koalitionen oder neue private und öffentliche Sphären zu schaffen? Ich erlaube mir einen Spoiler an dieser Stelle: Thussus Urteil fällt eher ernüchternd aus. Der Output und die Reichweite der Gegenströme war noch zu gering, ihr globaler Einfluss noch zu sehr auf Diasporagemeinschaften oder kulturelle Nachbarn begrenzt, als dass sie die Vorherrschaft der USA herausfordern hätten können. Die nicht-westlichen Gegenströme blieben subaltern (mit Ausnahme des japanischen Zeichentrickfilms). Das hat unter anderem damit zu tun, dass die meisten Gegenströme transnational sind, und damit nicht auf der ganzen Welt und in synchronisierten Versionen verfügbar. Viele stießen nur vereinzelt in den Westen vor. Hindi-Filme (Bollywood) waren vor allem in der arabischen Welt, in Zentral- und Südostasien und afrikanischen Ländern beliebt (Thussu 2006, 10 ff.); die K-Popkultur der ersten Welle überwiegend in Ostasien und der arabischen Welt. Mit der zweiten Koreanischen Welle hat sich das jedoch verändert; Produktion und Konsumtion von K-Populärkultur haben sich globalisiert, einerseits durch Fancommunitys, andererseits durch westliche Streaming-Plattformen wie Netflix oder Spotify, die für eine Zugänglichkeit an ein sehr viel breiteres Publikum sorgen. In Deutschland befinden sich auf Netflix beispielsweise regelmäßig südkoreanische Filme und Serien in den aktuellen Top 10. Das führt manchmal zum *cultural clash*, manchmal zur *cultural assimilation* und bleibt in beiden Fällen nicht unkommentiert.

Das „K" im „K-Pop": Debatten über Rezeptionspraktiken im interkulturellen Austausch

Als K-Pop in Gestalt von Psy endgültig die globale Bühne betrat, hat sich nicht nur dessen Reichweite, sondern haben sich auch seine kulturellen Grenzen verschoben. Die Frage, wie viel „K" im K-Pop steckt, wird seither kontrovers diskutiert. Sie wird außerdem von einer Reihe kultureller Konflikte und Rezeptionsschwierigkeiten begleitet, deren Vielgestaltigkeit ich etwas ausführen möchte. Denn so eindeutig die Etymologie von K-Pop ist („K" steht für „koreanisch" und „Pop" für „Popkultur"), so ist der Bindestrich zwischen den beiden Wörtern durch die Globalisierung zunehmend zu einem Symbol für deren Spannungsverhältnis geworden. Und zwar der Spannung zwischen dem Lokalen, dem „K" als spezifischem Bezug zu Korea, und dem Globalen, dem „Pop" als internationales Musikgenre. K-Pop ist im Zuge dessen zu einem bedeutenden Schauplatz kultureller Auseinandersetzungen für Fans, Musikkritiker:innen und Akteure der Musikindustrie geworden (Ahn 2023, 93 f.).

Da ist zunächst der schon in der Einführung angedeutete Orientalismus. Er hängt – wohlwollend gesprochen

– fast unweigerlich mit der bis vor kurzem noch stärker als heute vorherrschenden Unvertrautheit mit koreanischer (Populär-)Kultur zusammen. In einem Aufsatz mit dem nicht ganz unpolemischen Titel „RIP Gangnam Style" hat der Filmwissenschaftler Brian Hu eine aufschlussreiche Rekonstruktion der Rezeption des Musikvideos von Psy durchgeführt. Dabei stellte er zum Beispiel fest, dass in den Medien bereits wenige Monate nach seinem Erscheinen die rühmenden Berichterstattungen aufgrund der spektakulären Erfolgszahlen ersetzt wurden durch eine Beschwörung des einsetzenden Endes: „Waren die frühen Verweise auf das Video ein Wettlauf darum, wer es zuerst erwähnen konnte, so waren die späteren ein Wettlauf darum, wer zuerst den Todeszeitpunkt des Videos verkünden konnte" (Hu 2015, 235). Hu schildert, wie es regelrecht zu einem gemeinschaftlichen Vergnügen wurde, die Omnipräsenz des Videos zu beklagen, was allerdings nicht verhindern konnte (oder geradewegs dazu führte), dass es bis zum 21. Dezember 2012 eine Milliarde Aufrufe erreichte, womit es zum bis dahin meistgesehenen Video in der Geschichte von YouTube wurde.

Das ist einerseits eine bekannte Mediendynamik, und doch gab es Verkennungen, die Hu spezifischer vorgekommen sind. *Gangnam Style* war eine scharfsinnige und in jeder Hinsicht südkoreanische Produktion, die den gleichnamigen Stadtteil Gangnam in Seoul facettenreich parodiert. In der westlichen Rezeption wurden diese Motive zunächst nicht gesehen oder nicht verstanden. Alle machten vergnügt den Pferdetanz nach – aber niemand wusste, was er eigentlich bedeutete. Brian Hu kritisierte deshalb, dass die anfängliche Begeisterung einschließlich der unzähligen Reenactments und schließlich auch die Abgesänge zur Unsichtbarmachung des Koreanischen in dem K-Pop-Song führten: „Psy's koreanisches und asiatisches Wesen wird ebenso wie seine aufkeimende

Berühmtheit verworfen, wenn der Tanz von etablierten weißen (und manchmal Schwarzen) Berühmtheiten übernommen und Psy von der Bühne verdrängt wird" (ebd., 238).

Die anfängliche Hoffnung von K-Pop-Fans und den Akteur:innen der südkoreanischen Musikindustrie, das große Interesse an Psy und *Gangnam Style* könnte bei den US-Amerikaner:innen dazu führen, dass sie ihrerseits Wissenslücken im Bereich südkoreanischer Popkultur schließen, erwies sich also als Wunschtraum. Während K-Pop in Nischen- und Fan-Communities zwar an Popularität gewonnen hatte, war er doch noch weit vom Mainstream entfernt (ebd.). Aber es blieb nicht nur bei einem performativen Desinteresse und der kulturellen Aneignung durch nicht-koreanische User oder Prominente: Brian Hu veranschaulicht zudem, inwiefern die Mimikry des Pferdetanzes eine Strategie des Mainstreams war, Psys Andersartigkeit zu betonen. Indem man ihn zu einem „One Hit Wonder" erklärte, hielt man ihn neben anderen Amateuren und Memen in den „unteren Schichten der Prominenz" (ebd., 237). Als Beispiel nennt Hu einen Auftritt Psys in der US-amerikanischen *Ellen DeGeneres Show*. In der Sendung wurde er auf die Bühne geholt, um der prominenten Moderatorin und ihrem noch berühmteren Gast – Britney Spears – den Pferdetanz beizubringen. Es ist eine von vielen Shows, wo Psy durch etwaige Mimikry-Spiele zum bloßen Trainer der „eigentlichen" Stars degradiert wird. Das wird umso deutlicher, als die drei sich aufstellen: Ellen DeGeneres freut sich schon, dass der Unterricht gleich beginnt, da wirft Psy für das Publikum unerwartet die Frage auf: „By the way, can I introduce myself? Not just dancing." DeGeneres stimmt zu, woraufhin Psy ins Publikum schaut und sagt: „I'm Psy from Korea, how are you?" Hu zufolge eine geniale

Zurschaustellung der zugrundeliegenden Hierarchie der Prominenten.

Sosehr *Gangnam Style* also weltweit nachgeahmt und sogar teilweise als „transcending race" wahrgenommen wurde – schließlich hat selbst der Präsident der Vereinigten Staaten behauptet, er könne ihn –, so sehr wurde er in die westliche Kultur eingepasst oder, wie Hu es formuliert: „that is, turning white" (ebd., 237). Es entstand also kein interkultureller Austausch, sondern die Rezeption von K-Pop war zu Beginn und ist teilweise bis heute – wie etwa in der Rezension von Momolands *Wrap me in Plastic* deutlich geworden sein sollte – geprägt von einem „Othering". Dabei wird durch den Vergleich mit anderen Gesellschaften oder Kulturen, die als „fremd" klassifiziert und stereotypisiert werden, die eigene Dominanz hervorgehoben (Varela 2010, 256). Nicht selten geht ein solches Othering im Fall von K-Pop mit Orientalismus einher. In der US-amerikanischen Reaktion auf *Gangnam Style* fand also wahlweise eine Überbetonung des „K" als etwas Andersartiges statt, andererseits ließ man es in der Rezeption und in Formen der kulturellen Aneignung wie den Reenactments regelrecht verschwinden.

Mehr als zehn Jahre später ist das superlativische Sprechen über südkoreanische Populärkultur einstudiert und K-Pop oder K-Dramen haben sich teilweise als eigenständige Genres in der Musik- und Serienlandschaft etabliert. Sie sind aus der Defensive in die Offensive gelangt, in der nicht mehr nur die Frage dominiert, ob K-Pop eine Nachahmung der westlichen Popkultur ist – sondern auch, wie man umgekehrt auf mittlerweile ebenfalls vorhandene westliche Nachahmungen von K-Pop reagieren soll. Einst war der Westen verblüfft darüber, wie Japaner:innen oder Koreaner:innen den amerikanischen Pop für sich umgestaltet haben; mittlerweile wird auch K-Pop auf der ganzen Welt adaptiert (Angela 2017, 13).

In der K-Popmusik sind Idol-Gruppen mit einem oder sogar mehreren nicht-koreanischen Mitgliedern zwar zunächst einmal nichts Neues; vielmehr ist die Rekrutierung multinationaler Trainees (wie Idols in der Ausbildung genannt werden) eine bewährte Strategie der *Entertainment Companies*, verschiedene Regionen auf dem globalen Markt ansprechen wollen. Zu den neun Mitgliedern von TWICE gehören zum Beispiel Tzuyu aus Taiwan und Mina, Momo und Sana aus Japan. Insgesamt ist die Liste der K-Pop-Gruppen mit nicht-koreanischen Mitgliedern lang, darunter Super Junior, 2PM, GOT7, Blackpink, EXO, (G)I-dle, NCT und aespa. Für Aufsehen sorgten dann aber doch einige Experimente, K-Pop-Gruppen zu gründen, die hauptsächlich oder sogar ausschließlich aus nicht-koreanischen (z. B. NiziU, WayV, oder in Deutschland: TRONG) und nicht-asiatischen Mitgliedern bestehen. Dazu gehören beispielsweise EXP Edition, CoCo Avenue und KAACHI (Ahn 2013, 92). Und obwohl die Popularität von K-Pop immer wieder auf seine kulturelle Hybridität zurückgeführt wurde (Chun 2017; Jin/Ryoo 2014; Ryoo 2009; Shim 2006), sind diese Gruppen doch auch auf teilweise heftigen Widerstand der K-Pop-Fangemeinde gestoßen und haben Kontroversen über die Definition von K-Pop ausgelöst (Ahn 2023, 94). Denn woher kommt der Impuls, Koreanisch zu singen und K-Pop zu performen, obwohl man die Sprache nicht kennt und mit der Kultur nicht vertraut ist? Ist es ein Zeichen für die Selbstverständlichkeit von K-Pop im globalen Musikbetrieb – oder nicht doch eine auf Exotismus beruhende Form der kulturellen Aneignung? Muss es nicht ein wenig „K", irgendetwas Koreanisches geben, um K-Pop zu sein? In einer BuzzFeed-Umfrage aus dem Jahr 2017, die lautete „Glauben Sie, dass EXP Edition eine K-Pop-Gruppe ist?", antworteten 90 % der

Befragten (die etwa 52.900 Stimmen repräsentierten) mit „Nein" (Dahir, 2017).

EXP Edition wurden 2014 von einem New Yorker Kollektiv mit dem programmatischen Namen „I'm Making A Boy Band" (IMMABB) aus einem Pool von etwa 200 Bewerbern gecastet. Es entstand eine sechsköpfige Band, darunter zwei Afroamerikaner, die als erste K-Pop-Gruppe ohne koreanische Mitglieder vermarktet wurde, was ihnen eine gewisse Bekanntheit durch verwunderte Berichterstattungen bei BBC oder der *Huffington Post* eingebracht hat. EXP Edition singen teilweise auf Koreanisch, und ihr erstes Musikvideo zu *LUV/WRONG* (2015) greift verschiedene Eigenschaften des bunten und überdrehten, oft „betont heitere[n] Hyperpop" (Beregow 2019) auf: Insbesondere grafische Farbelemente, das Uniformierte (alle tragen die gleichen blauen Shorts und aufeinander abgestimmte Shirts) und vermutlich auch eine gewisse Niedlichkeits-Performance: Die Gesichter sind teilweise als Sticker freigestellt, die Augen funkeln glasig, und große Kullertränen laufen über die Wangen. Die Reaktionen darauf waren überwiegend abschätzig und ablehnend. Das Koreanisch der Band sei zu schlecht und die Choreografie unsauber. Kurzgesagt: „i have never cringed so hard in my entire life" (YouTube @strwbrry_ken, 2016). In den freundlichsten Fällen betrachtete man EXP Edition als Parodie.

Die extreme Ablehnung dieser Gruppe hat gezeigt, wo K-Pop-Fans die Grenzen des Genres ziehen. Wichtige Kriterien sind offenbar die Teilnahme am Trainingssystem der *Entertainment Companies*, das zu perfekt synchronisierten Choreografien und einer einheitlichen visuellen Ästhetik der Idols und ihrer Videos führt, außerdem das Beherrschen der koreanischen Sprache und eine (ost)asiatische Ethnizität oder zumindest Ästhetik

(Ahn 2023, 101). So wurde auf KAACHI viel nachsichtiger reagiert, wo zumindest ein Mitglied koreanischer Herkunft ist, und die auch ansonsten ästhetisch näher am Original sind, weil sie besser Koreanisch sprechen und ihre Videos zum Teil an Drehorten in Korea spielen. Aber auch in ihrer tendenziell klischeehaften Adaption wird ein gewisser Exotismus ausgelebt, der zumindest in manchen Fällen bei der Rezeption von K-Pop allgemein eine Rolle spielt. In ihrem Musikvideo zu *GET UP* (2021) tanzen sie vor oder in bekannten touristischen Attraktionen in Seoul, meistens dem beliebten Vergnügungspark Lotte World. Sie wirken wie K-Pop-Fans, die sich ihren Traum erfüllen und ein Tanzvideo ihrer Lieblingsband auf einer Reise durch Korea drehen. Das verstärkt sich noch durch die Tatsache, dass ihr Song ein Cover der K-Girlband Baby V.O.X aus den 1990er Jahren ist.

Doch die Debatten über das Genre und die Frage, wie viel „K" im K-Pop enthalten sein muss, sind letztlich ein symbolisches Schlachtfeld (Ahn 2023, 102). Gerade die daran anknüpfende Diskussion über *cultural appropriation* verrät, wie stark K-Pop als eine Alternativkultur zur weißen, US-amerikanisch dominierten Popkultur wahrgenommen wird. Das zeigt auch die Analyse von Kommentaren zu nicht-koreanischen K-Pop-Bands der Medienwissenschaftlerin Ji-Hyun Ahn. Sie zitiert beispielsweise einen User, der mit EXP Edition hadert: „Ehrlich gesagt, sagen die Leute, dass sie nicht im K-Pop sein sollten, weil sie weiß sind, aber das ist nicht der einzige Grund. Es geht eher darum, dass sie Amerikaner sind, die versuchen, sich in der K-Pop-Industrie durchzusetzen, und dass es nicht wirklich authentisch ist, weil sie nicht koreanisch oder zumindest asiatisch sind. […] Außerdem, wie viele Asiaten siehst du, die an der Spitze der amerikanischen Popmusik stehen oder zumindest so relevant sind wie BTS im K-Pop?" (zit.n. Ahn 2023, 102).

Häufig wird die Beurteilung auch davon abhängig gemacht, ob es sich wie im Fall von EXP Edition um kulturelle Aneignung handelt, die zu einer Auslöschung der eigenen Spezifika und sogar (insbesondere bei amerikanischen K-Pop-Bands) zur Einebnung in die US-amerikanische Dominanzpopkultur führt – oder aber um eine kulturelle Wertschätzung dergleichen. Auf diese Weise wurde zumindest die ebenfalls amerikanische Gruppe CoCo Avenue wahrgenommen, die man dafür lobte, dass sie immerhin „schon länger dabei" sei und „die koreanische Musik zu schätzen" wisse (ebd., 104). Coco Avenue bestand anfänglich aus sechs, kurze Zeit später aber bereits aus nur noch zwei afroamerikanischen Künstlerinnen. An ihrer Rezeption zeigt sich, wie tief die Debatte darüber, wem eine bestimmte Kultur gehört und wer Originalität definiert, im K-Pop selbst bereits eingeschrieben ist. Auf das vorherrschende Befremden, dass zwei Afroamerikanerinnen koreanisch singen und den Konventionen des K-Pop zu entsprechen versuchen, wurde wiederum mit folgender Kritik reagiert: „Es ist ein R&B-Song, der übrigens ein Genre ist, das von Afroamerikanern stammt, also wen zur Hölle machen sie sich da zu eigen?" (zit.n. Ahn 2023, 104). Tatsächlich ist der starke Einfluss afroamerikanischer Musik auf K-Popmusik in Bezug auf Klang und Stil, einschließlich Gesang, Choreografie und Mode, unbestreitbar (H. J. Lee 2020; Anderson 2020; Song 2019). Einige Idols integrieren Cornrows und Dreadlocks in ihre Frisuren, was von vielen internationalen Fans (insbesondere von Schwarzen) kritisiert wird – weil es sich eben nicht um eine kulturelle Würdigung handle, sondern nur um Zitate ohne Kontext, in denen die Geschichte des Rassismus gegen Schwarze nicht anerkannt wird (Taylore 2015).

Nun geht es bei der Debatte um *cultural appropriation* immer um die Relation einer Minderheit zur dominanten

Kultur, wobei erstere durch letztere ausgebeutet wird. K-Pop wurde deshalb selten unter dem Schlagwort *cultural appropriation* diskutiert, da afroamerikanische Musik aus ostasiatischer Perspektive weniger als eine Minderheitenkultur denn vielmehr als eine weltweit populäre Form der dominanten amerikanischen Popkultur wahrgenommen wurde (Oh 2014; Ahn 2023). Wenn K-Pop-Gruppen afroamerikanische Elemente adaptiert haben, verstand man das als eine Fortsetzung des starken Einflusses westlicher Popmusik auf die koreanische Unterhaltungsindustrie seit dem Koreakrieg (Kim/Saeji 2021). Dass sie dennoch als ein Aspekt unter zahlreichen anderen, nicht nur amerikanischen, sondern auch beispielsweise arabischen Einflüssen weiterbesteht, wird hingegen vielfach als konstitutives Element beschrieben. Unter Fans und Forschenden gilt die hyperkapitalistische kulturelle Hybridität, die Motive aus der ganzen Welt absorbiert und durch ein spezielles Produktionssystem und entsprechende Marketingstrategien zu einem spezifischen „K-Style" verarbeitet, als zentrales Merkmal des Genres (Ahn 2023, 105), was sie zugleich zur geeigneten Popkultur für die Sozialen Medien macht, in der Referenzialität und vielfältige Praktiken von Remix und Remake über Reenactment und Appropriation bis hin zu Hommage und Parodie eine große Rolle spielen (Stalder 2016).

Idol-Pop

„Koreans are remixing everything cool with no inhibition. In the current world where boundaries between original and copying are so blurry, K-Style can appeal globally."

(Sebastien Falletti)

Seo Taiji and Boys und die Entstehung der Idol-Industrie

Als Geburtsstunde der K-Popmusik gilt die 1992 gegründete Band Seo Taiji and Boys. Ihr Auftritt bei einer Talentshow von MBC (Munhwa Broadcasting Service) im selben Jahr ging in die K-Pop-Geschichte ein, als das Trio mit seinen Baggypants und den falsch herum aufgesetzten Basecaps zu Hip Hop-Sound einen energetischen Breakdance aufführte. Die Band bekam die schlechteste Bewertung, eroberte aber im Gegenzug die Herzen einer jüngeren Generation, die von dem sonst aufgeführten

© Der/die Autor(en), exklusiv lizenziert an Springer-Verlag GmbH, DE, ein Teil von Springer Nature 2023
A. Kohout, *K-Pop,* Essays zur Gegenwartsästhetik,
https://doi.org/10.1007/978-3-662-67577-9_3

soften und melancholischen *teuroteu* – dem bis dahin herrschenden populärsten Musikgenre Koreas – genug hatte (Yoo 2020, 147/148).

Ihr Erfolg war keine Selbstverständlichkeit. Bis zu den Protesten des Juni-Aufstandes 1987, als das Militärregime unter Chun Doo-hwan zu freien Wahlen gezwungen wurde und damit Roh Tae-woo Anfang 1988 zum neuen Präsidenten gewählt werden konnte, war die süd-koreanische Popmusik häufig patriotisch und fast immer unkritisch. Beliebt war etwa Jung Soo-ras *Oh! Korea!,* in dem die Schönheiten eines Landes besungen wurden, in dem Träume endlos seien, eines Landes der Gnade, in dem alles möglich sei – „Unsere Republik Korea! Ah! Mein Land! Ich werde Dich für immer lieben!" Fernsehen und Radio waren noch streng von der Politik reguliert. Erst unter Roh wurde die Pressefreiheit weitgehend gewähr-leistet, und der Einfluss der Politik auf die Popkultur ver-ringerte sich. Seo Taiji and Boys gelten als Symbol der damaligen Veränderung des Kulturbetriebs. Ihre Songs waren gesellschaftskritisch und knüpften stilistisch an subkulturelle Bewegungen wie den US-amerikanischen Gangster-Rap an. Ein Klassiker der Band ist *Come Back Home* von 1995. In dem Song geht es um Seo Taijis eigene Erfahrungen als Jugendlicher, der von Zuhause abgehauen war. Dabei ist er sowohl im Text als auch auf der visuellen Ebene gesellschaftskritisch. Insgesamt kommentierten Seo Taijis Texte soziokulturelle Themen wie gesellschaft-lichen Druck, die Wiedervereinigung Koreas oder die Kluft zwischen den Generationen. Sie gaben Teenagern eine Stimme, deren Ängste und Hoffnungen sich grund-legend von denen der vorherigen Generationen unter-schieden, die noch wirtschaftliche und politische Unruhen erlebt hatten (Kim, R. 2022, 94). Ästhetisch war die Nähe zu Michael Jackson, der zusammen mit Madonna den Musikglobus der Achtziger- und Neunzigerjahre auf ähnliche Weise dominierte wie derzeit BTS, nicht zu übersehen. Es gibt eine Szene in Michael Jacksons Musik- video zu *Black or White*, wo der junge Macaulay Culkin neben anderen Kindern in Oversize-Klamotten und ebenso übergroßen Sonnenbrillen zu HipHop tanzen – in etwa so sahen Seo Taiji und seine Jungs bei ihren ersten Auftritten aus.

Bis heute ist der Einfluss des einstigen „King of Pop" auf den K-Pop unübersehbar: Aufwendige und präzise aus- geführte synchrone Gruppenperformances, hochwertig produzierte Musikvideos und zahlreiche popkulturelle Referenzen. Man denke nur an Jacksons Tanzeinlage im Musikvideo zu *Thriller* (1984), die er zusammen mit einer Reihe von Zombies aufführt – so könnte auch ein K-Pop- Musikvideo aussehen. Jackson hat sich verschiedene musikalische Genres angeeignet, und seine Choreografien hatten einen sehr hohen Stellenwert, was die Idol-Per- formances bis heute prägt. Immer wieder beziehen sich K-Pop-Entertainer auf einzelne Tanzschritte, performative Eigenarten oder ikonische Kleidungsstücke von Michael Jackson.

Seo Taiji and Boys brachten Hip-Hop-, R&B- und Reggae-Elemente in die koreanische Mainstream-Musik ein, schufen aber auch ein unverwechselbares Remix- Musikgenre, das heute als Beginn des K-Pop gilt (Fuhr 2016, 532).

Nachdem sich Seo Taiji and Boys 1996 aufgelöst hatten, gründete eines der Band-Mitglieder – Yang Hyun- suk – YG Entertainment. Die Unterhaltungsfirma gehört neben JYP Entertainment und SM Entertainment heute zu den sogenannten „Big 3" der *Entertainment Companies* in Südkorea. SM Entertainment wurde ein Jahr zuvor von Lee Soo-man initiiert, der erst selbst Musiker war, unter Chun zensiert wurde, dann nach Amerika auswanderte und schließlich mit dem erklärten Ziel zurückkehrte,

Koreas Popmusik als Exportgut zu etablieren (Waitt 2014). Das war Ende der 90erJahre, als Südkorea unter der Asienkrise litt und sich die Regierung entschied, durch die bereits erwähnten Forschungsgelder, Stipendien und Neugründungen von Instituten und Universitäten in den Export von Kulturgütern zu investieren.

Die *Entertainment Companies* sind Agentur und Label gleichermaßen und übernehmen die Auswahl, Produktion und den Vertrieb. Sie organisieren eine regelrechte Fabrikation von Boy- und Girlgroups: von Castings über „Ausbildung in Gesang" und Tanz bis zu „Trainings in Schauspielerei, Fremdsprachen und professionellen Medienauftritten" (Beregow 2019, 27). Diese Ausbildung beginnt meistens schon in sehr jungen Jahren und ist, ähnlich wie etwa die Ballettausbildung, mythenumrankt. Mit etwa elf Jahren kann man „Trainee" werden; lebt und übt dann zusammen mit anderen Trainees, wird mit ihnen erwachsen. Aus diesen Trainees werden schließlich Bands zusammengestellt, die debütieren dürfen. Manche bleiben bis zu zehn Jahre Trainees und schaffen es niemals in eine Band und damit auf eine Bühne. Der Start einer neuen Idolgruppe wird strategisch geplant, indem die Mitglieder so zusammengestellt werden, dass sie verschiedene künstlerische Bereiche abdecken: Jedes von ihnen sollte mindestens ein besonderes Talent für Gesang, Tanz, Rap, Fremdsprachen oder gutes Aussehen besitzen. Gutes Aussehen ist dabei ein entscheidendes „Talent", denn wer ein außergewöhnlich schönes Gesicht hat, steht als „visuelles Mitglied" normalerweise im Mittelpunkt der Tanzchoreografie und der Albumcover (Oh, Y. 2018, 109).

Einen Fuß in die K-Pop-Industrie zu setzen bedeutet für viele, dem Traum von einem sozialen Aufstieg näher zu kommen. Es ist eine Art südkoreanischer American Dream. Veranschaulicht wird das etwa in der von Netflix produzierten Dokumentation *Light Up the Sky* (2020) über die Girl-Band Blackpink. Nach dem Intro startet die Dokumentation mit einigen Straßenaufnahmen aus Seoul; zu sehen ist ein Schild, das auf eine Karaoke-Bar hinweist, wie es sie unzählig in Südkorea gibt. Vor dem Freundes-, Bekannten- oder Kolleginnenkreis zu performen gehört zur beliebtesten Freizeitbeschäftigung. „Gesangsräume", wie es im Wortlaut übersetzt heißt, sind gewissermaßen Kulturgut. In der Doku verheißt die Aufnahme, jenen Ort zu zeigen, an dem alles angefangen hat. In der nächsten halben Stunde wird die Kindheit der vier Sängerinnen gezeigt, und es bestätigt sich: Sie waren „Mädchen von nebenan", „wie du und ich". Von der Karaoke-Bar zum Superstar.

Wie sehr K-Pop als Exportprodukt angelegt ist, lässt sich auch daran erkennen, wie die *Entertainment Companies* arbeiten. Sie haben eine Art „Customized Popkultur" etabliert (Kohout 2022). In der Praxis sieht das etwa so aus, dass man anfing, auch in anderen ostasiatischen Ländern nach Talenten zu suchen und diese zu trainieren – um dem dortigen Publikum eine Identifikationsfigur zu geben und es gezielt anzusprechen. Für das auswärtige Publikum wurden und werden teilweise eigene Musikvideos gedreht und mindestens im Refrain auch die Sprache angepasst, was sich schließlich auch als bewährte Strategie für den US-amerikanischen Export herausstellte. Selbst Gruppennamen werden manchmal in die Sprachen des Landes übersetzt, dessen Markt erobert werden soll: Die Boy Band DBSK (Dong Bang Shin Ki) wurde beispielsweise mit ihrem chinesischen Bandnamen TVXQ (Tong Vfang Xien Qi) sogar noch erfolgreicher – und in Japan unter dem Namen „Tohoshinki" vermarktet.

Mindestens so populär wie K-Pop selbst ist die Kritik an der dahinterstehenden Popkulturindustrie, die auch gerne als „Idol-Fabrik" bezeichnet wird. Ihre Ausbildungsprogramme gelten als Tortur, der musikalische Klang als künstlich. Generell bevorzuge man den kommerziellen

Erfolg gegenüber dem künstlerischen Ausdruck. Das wird heftig angeprangert, inner- und außerhalb des Landes. Geschichten über körperliche Erschöpfung, psychische Probleme und emotionale Erpressung erscheinen regelmäßig in der Presse. Kaum ein Artikel zu K-Pop wird nicht mit dem Hinweis kommentiert, das Land besitze aus guten Gründen eine der höchsten Suizid-Raten der Welt.

Lisa, Jennie, Rosé und Jisoo von Blackpink berichten in der genannten Dokumentation: „Wir haben so viele verschiedene Dinge geübt während unserer Ausbildung, es bleibt nur die Frage, wie viel wir davon zeigen können." Zwischen vier und sechs Jahren waren sie Trainees bei YG Entertainment. Mehr noch als beim American Dream ist im K-Pop die Redewendung Senecas verinnerlicht „Per aspera ad astra" – „Durch Mühsal gelangt man zu den Sternen". Wenn die Bandmitglieder von ihrer Ausbildungszeit berichten, klingt das so: „Es war eine harte Zeit. Wir hatten alle 14 Tage einen Tag frei." Oder: „Wir trainierten 14 Stunden am Tag. Am Ende jeden Monats kamen unser Boss und alle Produzenten. Wir führten einen Solosong, einen Gruppensong und eine Gruppenperformance auf. Dafür mussten wir alles selbst planen. Jeden Monat. Fünf Jahre lang." Oder: „Es war keine fröhliche Stimmung. Man durfte nicht trinken, rauchen oder sich ein Tattoo stechen lassen." Alle vier erzählen, wie sie kurz davor waren, aufzugeben. Doch, so Jennie: „Je härter sie mich behandelten, desto mehr dachte ich: ‚Ich halte durch!'" (*Light Up the Sky*, 2020).

Dass es sich dabei um eher harmlose Berichte aus der Branche handelt, belegen regelmäßig aufkommende Skandale. Im Dezember 2022 verklagten zum Beispiel die elf Mitglieder der vielversprechenden Newcomer-Boy-Band OmegaX ihre Agentur. Anlass war der Übergriff eines Mitarbeiters der Agentur in einem Hotelzimmer nach einem Auftritt in Los Angeles. Ein Video zeichnete auf, wie dieser sogar eines der Bandmitglieder zu Boden stieß. Schließlich stellte sich während der Anhörung heraus, dass es sich dabei lediglich um das jüngste Beispiel jahrelanger verbaler, körperlicher und sexueller Gewalt handelte (Yoon/Ives 2022). Solche Misshandlungen und auch (finanzielle) Ausbeutung sind immer wieder Thema der Nachrichten über K-Pop. Hinzu kommen Berichte über geschlechtsspezifische Diskriminierungen weiblicher Idol-Gruppen. Sie werden wegen ihres Verhaltens, ihres persönlichen Lebensstils, ihrer Ernährung und ihrer Mode genau unter die Lupe genommen und bewertet und sehen sich in einer immer noch konservativen und patriarchalischen Gesellschaft regelmäßig mit Frauenfeindlichkeit konfrontiert (Kim, R. 2022, 96).

Gleichzeitig werden diese Themen auch in den K-Pop-Produktionen, in Songtexten, Musikvideos, K-Dramen oder Filmen aufgegriffen und verarbeitet. Da wäre zum Beispiel die Girlband Orange Caramel. Das Trio ist eine Art „Tochtergesellschaft" der größeren Mädchenband After School – eine Konstellation, die häufig bei K-Pop-Bands zu finden ist, insbesondere wenn es sich um solche handelt, die sehr viele Mitglieder haben. Die Boy-Band NCT besteht derzeit zum Beispiel aus 23 Mitgliedern, wobei sich bereits vier Untergruppen daraus ergeben haben: NCT 127, NCT Dream, NCT U und WayV. Das ist eine übliche Strategie auf dem K-Pop-Markt: Obwohl Orange Caramel (genauso wie etwa NCT Dream) ihre eigenen Platten veröffentlichen und unabhängige Auftritte haben, werden sie absichtlich als eine Gruppe des „Labels" After School wahrgenommen. Diese Abwandlungen zielen in der Regel darauf ab, die besonderen Talente oder die unter K-Pop-Fans vielbeschworene „Chemie" einer Gruppe innerhalb eines größeren Ensembles mehrfach zu nutzen (Dorof 2014).

Orange Caramels Song *Catallena* und das dazugehörige Musikvideo sind in jeder Hinsicht typische

K-Pop-Produktionen – und gleichzeitig scharfe Kritik daran. Die musikalische Hybridität – eine Kombination aus ABBA-artiger Orchestrierung, pakistanischer Volksmusik, Bollywood-Klängen, Gitarrensounds und einem Synthesizer-Bass, wie man ihn aus dem New Order Song *Blue Monday* kennt – wird zur Folie für progressive Texte über gleichgeschlechtliche Schwärmereien und Bilder, die in aller Schärfe die „Idol-Fabrik" kritisieren (Dorof 2014). Mal als Meerjungfrauen, mal mit Mickeymaus-Ohren tanzen sie auf Sushi-Platten, als seien sie selbst die Delikatessen, oder räkeln sich in eingeschweißten Supermarkt-Verpackungen, als seien sie ein (noch lebendes) Fischfilet. Dazwischen werden Szenen geschnitten, in denen sie selbst wiederum genüsslich Sashimi verschlingen. Damit führen sie die Unausweichlichkeit des Systems als Tragödie vor Augen.

In ihrem Musikvideo zu *HIP* zeigt sich die Girl-Band Mamamoo wiederum feministisch und konsumkritisch, wenn sie in einem Raum performt, der aussieht wie eine Ausstellung von Barbara Kruger. Die ikonischen grafischen Plakatarbeiten von Kruger, meistens bestehend aus Schwarz-Weiß-Fotografien mit Slogans in weißer Futura-Schrift auf rotem Untergrund, visualisieren den Songtext, der eine Antwort auf die permanent aufkeimenden, kritischen und bewertenden Kommentare zu den Frauen, ihren Körpern, ihrer Mode und Inszenierung ist. Fleckiges Hemd, zu große Lippen, fettiges Haar – „Ist mir egal", singen Solar, Moonbyul, Wheein und Hwasa trotzig. Das sind schlagfertige Reaktionen auf die tagtäglichen Dauerbewertungen (Bachler 2022).

Dass K-Pop zudem nicht notwendigerweise bunt und überladen sein muss, sondern es durchaus auch Provokateure geben kann, davon zeugt Son Ga-In, die immer wieder Konventionen bricht – sowohl durch arhythmische Störgeräusche als auch thematisch. Bei ihrem Musikvideo zu *Fxxk U* (2014) hat Hwang Soo-ah Regie geführt, der neben einigen cineastischen Clips für die Brown Eyed Girls auch für das Musikvideo zu *Sogyeok-dong,* einer Kooperation zwischen dem „Vater des K-Pop" Seo Taiji und der „K-Pop-Prinzessin" IU verantwortlich war. Die Andeutung von Son Ga-ins Refrain („Fuck you, don't want it now…") wird durch eine beunruhigende Abhandlung über häusliche Gewalt, Vergewaltigung und einer Stockholmsyndrom-artigen Beziehung mit der ganzen Entschiedenheit und Intensität des südkoreanischen Kinos erklärt. Die Single offenbart die dunklen Abgründe, die K-Pop eben auch zu erforschen vermag (Dorof 2014).

Das soll natürlich nicht von dem ablenken, was K-Pop, oder mehr noch: Idol-Pop in den meisten Fällen ausmacht: Es ist selbsterklärtermaßen ein Industrieprodukt. Guter Idol-Pop gilt als fehlerfrei und clean, die Idols sind makellos und von bestechender und unerreichbarer Schönheit. Ihre Inszenierung, die Outfits und Musikvideos sind teilweise extreme Übersteigerungen von „Pop-Prinzipien wie Künstlichkeit und Oberflächlichkeit" (Beregow 2019, 24). In der K-Pop-Industrie ist Plastik nicht negativ oder schäbig, sondern etwas Positives, das anziehend glänzt und funkelt. Künstlichkeit wird als Stilmittel der Authentizität vorgezogen. Ihre Kommerzialität hat eine offenkundige Daseinsberechtigung. Idol-Pop lässt durch seine Formfreude und Farbigkeit, seine Dynamik und seine Glätte einen hybriden Megapop entstehen, der zudem alles remixt, was die globale Kulturgeschichte zu bieten hat.

Hinzu kommt: Popmusik ist immer ein Gesamtkunstwerk, das sich aus vielen Medien zusammensetzt, aus Bildern, Performances, Texten, Erzählungen und natürlich auch Klängen (Diederichsen 2014). Das gilt für K-Pop umso mehr. Im K-Pop ist ein Song nur einer von mehreren ineinandergreifenden ästhetischen Teilen. Fast jedes Album ist ein Konzeptalbum, in dem Musik, Choreografien, Videos und Liner Notes thematisch zusammengebracht werden. Diese Elemente werden in der Regel in viel stärkerem Maße synchronisiert als etwa in der amerikanischen Popmusik (Dorof 2014).

2018 haben BTS den Song und das Musikvideo zu *Idol* herausgebracht, das sich als Reflexion jenes Idol-Pop lesen lässt, zu dessen bedeutendsten Vertretern sie selbst gehören. Es ist in jeder Hinsicht eine seinerseits übersteigerte Form der K-popesken Übersteigerung. Musikalisch überlagern sich afrikanische Beats und traditionelle koreanische Rhythmen. Von *Gqom* inspirierte Sounds – einem Stil der House-Musik, bei dem kraftvolle, traditionelle Trommelschläge auf Bass und Synthesizer treffen – werden von Trap-Rap und Electronica ergänzt und lassen einen „globalen Sound" (Chakraborty 2018) entstehen.

Im Musikvideo werden Safari-Ästhetik-Klischees mit jenen von Tausend-und-einer-Nacht und verschiedenen Anspielungen auf koreanische und ostasiatische Volks-kultur gemixt. Referenzialität ist generell eine der Haupt-eigenschaften von K-Pop, doch beim Musikvideo zu *Idol* kommt man dem Nachspüren der Referenzen gar nicht mehr hinterher: Giraffen, Haie und Tiger, Schneewittchen, Pink Panther und Bugs Bunny, Ein-hörner, Accessoires der traditionellen koreanischen Tracht (*Hanbok*), Mythen, wie die vom Mondhasen, sowie verschiedenste Anspielungen auf vorausgegangene Musikvideos und Choreografien wechseln sich in einer Schnelligkeit ab, die einen schwindelig werden lässt.

Im Zentrum des Videos steht die Auseinandersetzung mit der Entertainment-Kultur. Einerseits durch historische Rückverweise – BTS tanzen auf einem Gyeonghoeru-Palast, der während der Joseon-Ära (1392–1897) für Zeremonien und Feste diente, und es wird Pansori zitiert, ein epischer Gesang in der volkstümlichen koreanischen Musik. Andererseits präsentieren sie die Bühne der Gegenwart, wie die Band sie selbst erleben dürfte: Ein gläserner Kubus, umzingelt von Haien. Der Songtext liefert ergänzend dazu Antworten auf eine Kritik, mit der Idols im Allgemeinen und BTS im Besonderen häufig konfrontiert werden – nämlich dass sie keine ‚echten' Künstler seien (sondern nur Produkte, Fabrikationen, Marionetten etc.).

In Südkorea, aber auch in Westeuropa oder US-Amerika wird gemeinhin ein großer kultureller Unterschied zwischen einem Idol und einem Künstler gemacht. Während ein Idol jemand ist, der bei einer *Entertainment Company* unter Vertrag und damit in einem konkreten Abhängigkeitsverhältnis steht, ist ein Künstler nicht an eine Agentur gebunden und gilt daher als freier und unabhängiger. Da ein Idol nicht nur ein:e Sänger:in ist – sondern auch als Model, Schauspieler:in und Tänzer:in ausgebildet wird –, wird der Erfolg weniger anerkannt, da es als wahrscheinlicher gilt, als Idol eine gewisse Bekanntheit zu erlangen. Mit dem Song *Idol* erheben BTS also Anspruch auf eine Daseinsberechtigung als Künstler, indem die vorherrschenden Ressentiments aufgegriffen werden. Und es wird der Wunsch nach einer Neuformulierung dessen artikuliert, was unter „Idol" verstanden wird bzw. wie Idols bewertet werden.

Idols: Künstlichkeit statt Authentizität, Gemeinschaftlichkeit statt Individualität, Idealisierung statt Repräsentation

In der dritten Strophe von *Idol* heißt es „FACE/OFF wie bei John Woo". Das ist eine Anspielung auf den Filmklassiker *Im Körper des Feindes* von 1997. Das zentrale Thema des Films ist auch für die Idol-Kultur von Bedeutung: das Annehmen, Spielen und Jonglieren mit mehreren Identitäten. Im Film wird dem von Nicholas Cage verkörperten Protagonisten Castor Troy durch eine Gesichtstransplantation eine andere Identität verliehen, was ihn von seinem „wahren" Ich distanziert. Das ist ebenfalls ein häufig an Idols gerichteter Vorwurf: Sie seien nicht authentisch, ihre permanenten Maskierungen und Verkleidungen ließen keine Blicke auf das „echte" Selbst zu. Eine Kritik, die BTS im Musikvideo durch zahlreiche Kostümwechsel antizipiert.

So war es dann auch ein aufregender Kontrast, als BTS sich mit Coldplay für den Song *My Universe* zusammengetan haben. Bei Coldplay denkt man schnell an Songs wie *Parachutes* oder *Yellow*. Songs, die viele Teenager in Dauerschleife hören, weil der melancholisch-romantische, traurige und doch hoffnungsvolle Pop genau das Richtige für meist unglücklich verliebte Pubertierende ist. Songs, die mit ihrer eigenen Traurigkeit trösten können. Gestaltet wurde das Ganze so: Zu Beginn des Musikvideos zu *Yellow* sieht man Chris Martin an einem düster-nebligen einsamen Strand auf die Kamera zulaufen. Er trägt eine Regenjacke, aber die Kapuze liegt in seinem Nacken, als würde es gar nicht regnen. Er will nass sein – und verkörpert damit das reizvolle Gefühl, im Leid Genuss zu erfahren, Traurigkeit als etwas Ästhetisches zu erleben. Die

Inbrünstigkeit, mit der Martin „Look at the stars. Look how they shine for you" singt, geht direkt unter die Haut. Der Himmel im Video bleibt aber bewölkt. Im Gesichtsausdruck von Martin scheinen sich in einem Moment fröhliche romantische Erinnerungen, in einem anderen traurige Nostalgie abzubilden. Er läuft in den Morgen hinein, und das Video endet mit dem Aufgang der Sonne.

Das Video zu *Yellow* kommt ohne einen einzigen Schnitt aus und brilliert gerade durch seine Schlichtheit und visuelle Zurückgenommenheit. Es macht sich die natürliche und emotional aufgeladene Lichtsituation der wenigen Minuten vor dem Sonnenaufgang zunutze. Das Video zum BTS-Song *DNA* ist hingegen ein Feuerwerk der Bilder und Farben, die sich durch superschnelle Schnitte so häufig abwechseln, dass es hypnotisch wirkt. Dass es sich bei dem Song inhaltlich ebenfalls um ein Liebeslied handelt, ist ihm formal nicht unbedingt anzumerken. Doch es gibt eine Gemeinsamkeit zwischen inhaltlicher und formaler Ebene: Auf beiden findet das K-Pop-typische kulturelle Mashup statt. Versatzstücke verschiedenster Musikrichtungen treffen auf inhaltliche Versatzstücke, in denen wahlweise „Schicksal", „Religion", „Mathematik" oder eben die „DNA" zur Erklärung für eine geglückte Beziehung herangezogen wird. Ein ideologisches Potpourri – aber ohne Nihilismus.

Anfang 2022 hatten BTS bereits *Fix You* von Coldplay bei *MTV Unplugged* gecovert. Und wenn Jin, Jimin, V, Suga, RM, J-Hope und Jungkook von BTS *Fix you* singen, entsteht tatsächlich etwas völlig Neues. Schon allein, dass hier sieben beleuchtete Menschen aufgereiht sitzen, lässt sie eine Gemeinschaft verkörpern. Wenn sie ineinander einstimmen, dann wird das Lied ganz weich und sanft und rund. Anders als Chris Martin, dessen Mimik nicht nur deutlich expressiver, sondern in ihrer Ambivalenz vor allem auch weniger eindeutig war. Martin ist weniger glatt, bietet mehr Reibungen und Kanten, an denen man sich emotional stoßen kann. Und es geht in seinen Performances vor allem darum, die eigenen, ‚authentischen' Gefühle zur Schau zu stellen (die natürlich durchaus repräsentativ sind oder sein können): Bei einem Konzert von Coldplay in São Paulo 2017 hat Chris Martin das Lied auf dem Boden liegend gesungen. Sein inszeniertes Leiden ist ein ästhetischer Genuss für die Zuschauenden. Jin, Jimin, V, Suga, RM, J-Hope und Jungkook erscheinen hingegen zurückhaltend und bescheiden. Ihre persönliche Emotionalität steht nicht im Zentrum – selbst wenn sie *unplugged*, also pur und ohne Verstärkung singen.

Wie wichtig aber Authentizität als Stilmittel gerade für jene Popmusik ist, die als alternativ oder sogar gegenkulturell angesehen wird, und wie wenig K-Pop dieser entspricht, wurde wiederum in einer mittlerweile berühmt gewordenen Reaktion auf den Unplugged-Auftritt von BTS deutlich. Bayern3-Moderator Matthias Matuschik sprach in seiner Radiosendung beim Coldplay-Cover der „kleinen Pisser" von „Gotteslästerung". Da Matuschik BTS zudem mit dem SARS-Virus verglich, entwickelte sich aus der Sendung ein handfester Skandal (Wölfel 2021).

Möglicherweise lässt sich aber an der Popularität von BTS und K-Pop im Allgemeinen eine interessante Veränderung im Starkult beobachten, die gerade erst einsetzt. Sie hat vor allem mit den Sozialen Medien zu tun. Die Frage, ob Stars oder Idols authentisch sind bzw. das Stilmittel der *dissimulatio artis* beherrschen, also die alte rhetorische Kunst, die eigene Inszeniertheit zu verbergen, um natürlich und damit glaubhaft zu erscheinen, beginnt zweitrangig zu werden. Demgegenüber steigt der Anspruch, dass Fans und Followern eine Plattform und Anlässe gegeben werden, damit diese sich selbst als authentisch erfahren und etwas von sich zeigen können. Man möchte einem Chris Martin nicht mehr nur zusehen, wie er seine Gefühle artikuliert, und sich bestenfalls hineinversetzen können. Man möchte das Gefühl bekommen, sich einreihen zu können, mitmachen zu können. Man sucht nach einer Legitimation, um sich auf gleiche oder ähnliche Weise inszenieren zu dürfen.

Doch was die K-Pop-Stars dann doch zu Idolen macht, zu anbetungswürdigen Wesen, könnte hierzulande Befremden auslösen: Es ist in vielen Fällen ihre idealisierte Erscheinungsweise. Die Wertschätzung der Schönheit der Stars ist zwar nicht das einzige, aber doch ein dominierendes Element der Idolverehrung (Oh, Y. 2018, 122). Sie führen damit eine Star-Tradition fort, von der man sich zum Beispiel in der US-amerikanischen Popkultur weitgehend verabschiedet hat, wo es für Prominente nicht mehr darum geht, ein möglichst normiertes Ideal zu verkörpern, an das man als Rezipient:in dann mehr oder weniger nah herankommen kann – vielmehr sollen sie Repräsentant:innen sein. Vertreter:innen entweder einer wie auch immer ausgeprägten Individualität und Einzigartigkeit oder einer bestimmten Gruppe von Menschen oder gar einer expliziten Minderheit. Dieser Anspruch ist Ausdruck einer multikulturellen und heterogenen Kultur, wie sie in Südkorea und vielen benachbarten ostasiatischen Ländern aber gerade nicht ausgeprägt ist.

Gleichzeitig sind K-Pop-Idols nicht, wie beispielsweise die glamourösen Stars aus der Hollywood-Ära, völlig unnahbar. Ihr Aussehen und insbesondere auch ihre Verhaltensweisen (meistens höflich und bescheiden), sollen zwar über dem Durchschnitt liegen, aber nicht so sehr, dass sie das Publikum beleidigen (Aoyagi 2005, 67). Um auf diese Weise nahbar zu sein, nutzen K-Pop-Idole Reality-Shows. Nach bahnbrechenden Sendungen wie

2NE1 TV (2009), *2PMs Wild Bunny* (2009) oder *Infinites You're My Oppa* (2010) wurden dutzende weitere Idol-Reality-Shows ausgestrahlt. Einige der Shows fokussieren sich ausschließlich auf eine bestimmte Gruppe und ermöglichen es dem Publikum, diese durch Filmaufnahmen abseits der Bühne kennenzulernen. Beispielsweise werden Aufnahmen von mehreren Überwachungskameras in den Wohnheimen der Idols ausgestrahlt, die zeigen, wie sie in ihren Schlaf- oder Gemeinschaftsräumen miteinander interagieren oder an einem dafür vorgesehenen Set Spiele spielen. Manchmal werden sie auch in Aufnahmestudios und Tanzübungsräumen gefilmt, vor allem spät nachts oder sehr früh am Morgen. Oder man begleitet die Idols beim Einkaufen von Lebensmitteln, Kochen, Unternehmungen machen oder wie sie ins Ausland reisen. Dadurch entsteht zwar eine gewisse Intimität, jedoch wird tatsächlich oft nicht so viel preisgegeben. Eine Gruppe kann auch in mehreren verschiedenen Sendungen auftreten oder eine Sendung kann mehrere Gruppen in einer Serie beinhalten (Oh 2018, 114/115).

K-Pop ist nicht nur von westlicher Popkultur, sondern auch von dem um einige Jahrzehnte älteren J-Pop beeinflusst. Die japanische Idol-Kultur ist in vielerlei Hinsicht mit der koreanischen vergleichbar, insbesondere was die Idealisierung der Stars angeht. Der Kulturwissenschaftler Hiroshi Aoyagi wies darauf hin, dass die Präzision, mit der junge Mädchen darauf trainiert werden, eine ganz bestimmte Version von Weiblichkeit zu verkörpern, sowie ihre sorgfältig choreografierten Tanzschritte als eine moderne Version der Geisha angesehen werden können. Deren Kunst besteht ebenfalls darin, eine stark stilisierte und künstliche Interpretation idealer weiblicher Schönheit zu präsentieren. Auch die Größe der Bands und Gruppen dürfte eher an japanischer als an US-amerikanischer Popmusik orientiert sein. Zwar ist die japanische Girl-Band

AKB48, die aus 26 bis 48 Mitgliedern besteht und in vier Teams eingeteilt ist, selbst für J-Pop eine Ausnahme, doch war die Idee einer großen Gruppe, in der sich Aufmerksamkeit und teilweise auch Arbeit aufgeteilt wird, auch ein Vorbild für K-Pop. Doch während es im J-Pop-System üblich ist, dass Mitglieder nach kurzer Zeit (oder spätestens, wenn sie 28 geworden sind) die Gruppe verlassen und an deren Stelle ständig neue Mitglieder hinzukommen – der Personenkult einzelner also weniger ausgeprägt ist –, werden K-Pop-Idols, vielleicht auch wegen ihrer globalen Präsenz, die einen gewissen Grad an Individualität erfordert, deutlich stärker als für sich stehende Persönlichkeiten wahrgenommen.

Trotzdem hat Gemeinschaftlichkeit einen hohen Stellenwert – auch in der Beziehung zwischen Bands und Fans. K-Pop-Bands betonen stets in ihren Ansprachen, dass sie ohne ihre Teammitglieder und Fans nicht so weit gekommen wären. Die Fans insistieren hingegen stets auf der Bedeutung der Gruppe gegenüber dem einzelnen „Bias", wie die individuellen Favoriten liebevoll genannt werden.

Als BTS im Oktober 2022 in Busan ihr vorerst letztes Konzert gegeben haben, war das Corporate-Design gewiss nicht zufällig in Violett gehalten – ist es doch die Farbe ihres sogenannten „ARMY"-Fandoms. Und als wäre das nicht schon entgegenkommend genug, trugen Mitglieder von BTS am Ende des Konzerts dieselben Merchandise-Hoodies wie ihre Fans und gingen damit in die violettfarbene Gemeinschaft ein. Bei einer Drohnenshow im Anschluss verwandelte sich das Logo von BTS in das ihrer ARMY – das wirkte vor dem dunklen Nachthimmel wie ein Flügelschlag.

Die eben grob skizzierten Pole Künstlichkeit und Authentizität, Idealisierung und Repräsentation, Gemeinschaftlichkeit und Individualität, US-amerikanische Popkultur und J-Pop bilden eigentlich ein Spannungsfeld, in dem zu existieren fast nicht vorstellbar ist. K-Pop hat das geschafft und ist in seinem globalen Sound und seiner globalen Ästhetik bislang einzigartig. In einer Zeit, in der oft von „Deglobalisierung" die Rede ist, verheißt K-Pop das Gegenteil. Bereits seit der Finanzkrise 2009 hört man Stimmen, die behaupten, der Höhepunkt der Globalisierung sei überschritten. Doch nicht nur die Finanzkrise erschütterte das System der grenzüberschreitenden Kapitalströme und führte dessen Anfälligkeit vor Augen, es wurden auch zunehmend populistische Gegenreaktionen auf jede Globalisierungsbestrebung laut, die bekanntlich zum Brexit 2016 führten und Donald Trump zum Sieg bei den Präsidentschaftswahlen im selben Jahr verhalfen. Und dann wäre da noch die – harmlos formuliert – Krise der chinesisch-amerikanischen Beziehungen. Sie haben sich von einer „Chimeria", wie der Historiker Niall Ferguson und der Ökonom Moritz Schularick die Win-Win-Allianz der beiden Großmächte um die Jahrtausendwende bezeichneten, zu einer Situation entwickelt, die eher an einen Kalten Krieg erinnert (vgl. Ferguson/Schularick 2009). Schließlich lieferte die Covid-19-Pandemie den endgültigen Beweis dafür, dass die Globalisierung im wahrsten Sinne des Wortes schlecht für die Gesundheit sein kann.

Doch was die kulturelle Globalisierung anbelangt, scheint der Zenit möglicherweise noch nicht erreicht zu sein. So sind K-Pop-Bands wie BTS Teil eines umfassenderen Trends des wachsenden Einflusses Asiens. TikTok, eine chinesische Plattform, hat inzwischen über 1,53 Mrd Nutzer, fast ein Drittel der weltweiten Online-Bevölkerung (Stand Februar 2023 ist noch unklar, ob die Plattform in den USA verboten werden wird).

Das historische Spannungsverhältnis zwischen Globalisierung und Großmachtpolitik wird durch BTS sehr gut veranschaulicht. So bedeutsam Südkorea für die technologische und popkulturelle Gegenwart auch sein mag, es ist doch gleichzeitig ein Land, das von einem gefährlichen und schwer bewaffneten Nachbarn im Norden bedroht wird. Nach südkoreanischem Recht müssen alle arbeitsfähigen Männer zwischen 18 und 21 Monaten Militärdienst leisten, in der Regel vor ihrem 28. Lebensjahr. Im Dezember 2022 meldete sich Jin, das älteste Mitglied von BTS, als aktiver Soldat. Die anderen Bandmitglieder werden ihm bald folgen. „Kugelsichere Pfadfinder", wie BTS – kurz für Bangtan Sonyeondan – übersetzt wird, ist demnach ein ziemlich treffender Bandname.

Nicht weniger passend ist die andere Bedeutung ihrer Abkürzung, die die Band 2017 bekanntgegeben hat: „Beyond the Scene". Sie richtet sich explizit an das westliche Publikum, von dem man offenbar erwartet, dass es mit dem originalen Kontext weniger vertraut sein würde und sich mehr Authentizität erhofft. Doch auch die nationalen „Adorable Representative M.C. for Youth"-Fanclubs (M.C. meint den „Master of Ceremonies", der bei Rap-Auftritten die Künstler auf der Bühne vorstellt und für sie spricht) – kurz „ARMY" – haben keine Hemmungen, das Militärische aufzugreifen. Das Logo der Band und das Logo der Fans sind jeweils Gegenstücke zueinander und ergeben zusammen ein Schutzschild: einer für alle, alle für einen.

Pop für die Sozialen Medien

Um K-Pop besser zu verstehen, hilft es vielleicht, sich eigens den Popgeschmack vorzunehmen. Doch was ist der Popgeschmack? In einem gleichnamigen Essay hat der Philosoph Boris Groys 2004 geschrieben: „Der Pop-Geschmack reagiert nicht auf das Kunstwerk selbst, sondern auf das Kunstwerk zusammen mit den Zahlen, die den Grad seiner medialen Verbreitung dokumentieren." Menschen mit Popgeschmack „interessieren in erster Linie und fast ausschließlich die Zahlen." Wenn die Zahlen stimmen und beweisen, dass etwas ein Publikumserfolg war, dann gilt dasjenige als „symptomatisch und relevant. Aber auch großartig. Einfach wunderbar. Einfach überwältigend." Und zwar nicht deshalb, weil das Musikstück, der Film etc. selbst so überwältigend war, sondern „auf das globale Publikum eine überwältigende Wirkung" hatte. Wenn die Zahlen stimmen, ist für den Menschen mit Popgeschmack potentieller „Schrott kein Schrott mehr, sondern ein Meisterwerk" (Groys 2004, 100 f.). Diese Faszination zeugt von einem gewissen Zahlenglaube: Die Zahl ist nicht nur eine bloße Zahl. Sie ist Ausdruck eines dahinterliegenden „echten" Wertes und entspringt somit dem Wunsch, etwas Wahres hinter der Zahl erfassen zu können.

Bei aller Cleanness und Perfektion, bei aller Standardisierung und Berechenbarkeit, ja bei all dem Militärischen stiften Zahlen die nötige Magie. Es sind Klickzahlen, Streamingrekorde und Chartplatzierungen – trocken formuliert: Statistiken –, die dem K-Pop das gewisse *je ne sais quois* verleihen: eine Aura, ein Charisma, eine Kraft, die die Faszination steigert. Die Frage, warum etwas derart populär und damit erfolgreich ist, kann Menschen fesseln und beschäftigen.

K-Pop ist eine Popkultur im Geist der Sozialen Medien, wo die Anzahl an Likes und Kommentaren und die Reichweite eine zentrale Rolle spielen und teilweise konstitutiv für die Inhalte sind. Wo gefällt, was möglichst auch vielen Anderen gefällt. Wo der Glaube an die Kraft der Zahl besonders stark ausgeprägt ist. Nirgends ist man sich darüber derart bewusst wie in der K-Popkultur:

Fans sammeln und organisieren sich, um durch Klicks und Streaming möglichst hohe Zahlen für ihre Stars zu produzieren. Eine der wichtigsten Anlaufstellen für K-Popmusik in Südkorea ist der Streamingdienst Melon, wo Charts eine zentrale Stellung einnehmen. Man kann sie sich verschiedenartig anzeigen lassen – täglich, monatlich, jährlich oder nach Genre sortiert. Diese Anzeige ist eine Rückversicherung der Fans, ob sie genügend Klick- und Verkaufszahlen generieren konnten, damit ihr Idol oder ihre Idol-Gruppe dort erscheint und somit ihr „Gesicht nicht verliert", wie es die Musikjournalistin Haley Yang in dem Podcast „Korea Deconstructed" formuliert hat (Korea Deconstructed #044 2023).

Doch wenn man sich entscheiden müsste, welche Social-Media-Plattform für K-Popmusik international am folgenreichsten gewesen ist, fällt die Antwort leicht auf YouTube. Zwei Milliarden Aufrufe erreichte Psys *Gangnam Style*, mit dem das Rekordbrechen seinen Lauf nahm. Im selben Jahr (2012) veranstaltete YouTube zusammen mit dem koreanischen Sender MBC und Google das Konzert Korean Music Wave im Shoreline Amphitheatre in der Nähe des Google-Hauptsitzes in Mourtas View, Kalifornien. Das Konzert wurde als Livestream auf YouTube an Fans in aller Welt übertragen. Mittlerweile sind in den „All-Time Top 24 Hour Music Debuts Chart" von YouTube neun von zehn Musikvideos von K-Pop-Künstlern (Stand Januar 2023) – und eines von Taylor Swift. K-Pop-Labels wählen YouTube als Hauptkanal für die Veröffentlichung neuer Musikvideos und nutzen YouTube Premiere, um Fans auf die Veröffentlichung aufmerksam zu machen. Neben Musikvideos, Reality-Shows und unzähligen Fan-Produktionen wie Coversongs, Reaktion-Videos, Analyse-Videos u.v.m. bietet YouTube Music zudem exklusive Live-Events, einen Pre-Zugang zu offiziellen Songs und Alben sowie Deep

Cuts und Remixe. Mittlerweile hat YouTube Direct-to-Fan-Produkte wie Merchandising-Artikel, Ticketing, Mitgliedschaften und virtuelle Events mit Eintrittskarten eingeführt. All das macht sich die K-Pop-Branche in großem Umfang zunutze. Im Januar 2021 ging Blackpink eine Partnerschaft mit YouTube für ein kostenpflichtiges virtuelles Konzert mit dem Titel *THE SHOW* ein. Für dieses Event wurden fast 280.000 Kanalmitgliedschaften in 81 Ländern verkauft, und der Channel von Blackpink gewann 2,7 Millionen neue Abonnent:innen (Lee, Sun 2022).

Auch für Flash Mobs und Cover-Dance-Challenges war und ist YouTube die wichtigste Plattform, wenngleich sie mittlerweile durch Netzwerke wie Zepeto oder TikTok ergänzt wird. K-Pop ist partizipativ und nutzt deshalb Plattformen, die Partizipation ermöglichen. Die meisten K-Pop Songs haben korrespondierende Choreografien, die aus teilweise komplexen sich wiederholenden Formationen und Schritten bestehen. Zugleich sind sie stark an das jeweilige Lied angepasst. In sogenannten „Dance Practice"-Videos werden sie von den Idols meist ohne aufwendige Inszenierung in Trainingsräumen vorgeführt – damit ihre Fans diese leichter einstudieren und selbst aufführen oder sogar Cover-Dances aufnehmen können. Diese erfreuen sich teilweise ihrerseits großer Beliebtheit. Cover-Tänzer:innen wie der Australier David Tu oder das in Amerika lebende Pärchen Ellen Min und Brian Li sind dabei selbst zu YouTube-Prominenten geworden. Auf wie viel Anklang die auf einschlägigen Choreografien basierende K-Popmusik bei der TikTok-Community stößt, braucht kaum eigens angemerkt werden. Hier gehören Tanz-Challenges zur „DNA", sind ein wichtiges formales Grundelement des Sozialen Netzwerks. Durch die Anwendung von Funktionen wie dem „Duett", in dem man das eigene Tanzvideo direkt mit dem seines

Idols oder Vorbilds collagieren kann, wird aus dem Vormachen-Nachmachen ein gemeinsamer Auftritt. Zudem können sich Choreografien oder einzelne Elemente davon verselbständigen, indem sie zu Memes werden, die auch unabhängig vom Ursprungssong weiter existieren. Da K-Pop in den meisten Fällen selbst bereits ein kulturelles Mashup liefert – auch mit choreografischen Referenzen –, gibt es für die Nutzer:innen keinerlei Bedenken, damit selbstständig weiter zu experimentieren. Beim K-Pop ist alles auf die Vernetzung und gemeinschaftliche Pop-Produktion angelegt.

Doch die angesprochene Referenzialität, also das Aufgreifen und Verwenden von bereits mit Bedeutung versehenem Material zur Erzeugung neuer Bedeutungen, ist auch eine interessante Reaktion auf den in den Sozialen Medien ohnehin vorherrschenden Umgang mit Referenzen – man denke nur an Memes. „Eine, wenn nicht *die* grundlegende Methoden, mit der Menschen […] an der kollektiven Verhandlung von Bedeutung teilnehmen, besteht in der Kultur der Digitalität darin, Bezüge herzustellen", schreibt der Kulturwissenschaftler Felix Stadler in seinem Buch *Kultur der Digitalität* (Stalder 2016, 96).

K-Pop-Musikvideos sind regelrecht dazu gemacht, sie zu enträtseln, nach Referenzen und Bezügen zu fahnden. Es ist ein idealer Pop für die Wissenskultur der Sozialen Medien, wo alles direkt gegoogelt oder in Bildersuchen eingegeben werden kann. Die Zusammenhänge darf man selbst entschlüsseln. Ein Beispiel, das jedes Kunsthistoriker:innenherz höher schlagen lassen dürfte, ist *Feel My Rhythm* (2022) von Red Velvet. Das Video beginnt mit einem Verweis auf *Ophelia* von John Everett Millais von 1852, das eine Figur aus Shakespeares *Hamlet* zeigt, die auf dem Rücken in einem Fluss schwimmt, kurz bevor sie ertrinkt. Das

Gemälde ist bekannt für seine detaillierte Darstellung der Fluss- und Ufervegetation, die Wachstum und Verfall symbolisiert. Dann tanzen die fünf Bandmitglieder von Red Velvet immer wieder vor einer Kulisse, die ein Detail aus dem berühmtesten Gemälde von Hieronymus Bosch – *Der Garten der Lüste* von ca. 1500 – mit dem Pariser Grand Palais und den Architekturen des Salonmalers Lawrence Alma-Tadema verbindet. Ein kunsthistorisches Mega-Mashup! Die Bosch-Referenz stammt vom linken Flügel eines Altars, auf dem die biblische Erschaffung Evas dargestellt ist. Lawrence Alma-Tadema ist bekannt dafür, eine wichtige Ideenquelle für Hollywood-Filme wie *Gladiator* zu sein. Seine Gemälde haben das heutige Bild der Antike maßgeblich geprägt. Und das Grand Palais? Das ist ein Ausstellungsgebäude, das für die Weltausstellung in Paris im Jahr 1900 errichtet wurde. Es ist eines der bedeutendsten Gebäude der Belle Époque. Dann gibt es mehrere Bezüge zum französischen Impressionismus. Zum Beispiel wird Claude Monets *Femme à l'ombrelle* oder Édouard Manets *Le Déjeuner sur l'herbe* von den Idols nachgestellt. Weniger eindeutig sind weitere Referenzen, etwa zu *Versuchungen des heiligen Antonius* aus dem Isenheimer Altar von Matthias Grünewald. Die Versuchungen durch irdische Genüsse und seine Qualen durch den Teufel und dessen Dämonen waren vor allem im Spätmittelalter ein immer wieder auftauchendes Motiv. Das sind bei Weitem nicht alle Referenzen, mal ganz abgesehen von den noch nicht einmal erwähnten musikalischen und choreografischen Anspielungen.

Interpretiert und zu Narrativen und Geschichten verbunden werden diese Motive und Verweise dann in unzähligen „RED VELVET FEEL MY RHYTHM Art + Story Explained"-Videos auf YouTube. Das geschieht mit großer Ernsthaftigkeit und Diskursivität und teilweise mit überraschender Kennerschaft – sowohl was die

Kunstgeschichte, als auch was das „Red Velvet Universum"
angeht.

Ähnlich hochkulturell und bezügereich kann es natürlich auch bei BTS zugehen. Hermann Hesses *Demian* von
1919 wurde zur narrativen Grundlage im Musikvideo
des Songs *Blood, Sweat & Tears.* In Hintergrundszenen
sieht man die Mitglieder das Buch auch selbst immer
wieder lesen. Wenig überraschend wurde der Roman
prompt zu einem Bestseller in Südkorea (Jang 2018).
Durch Gemäldevorlagen, etwa *Landschaft mit dem Sturz
des Ikarus* (1560) und *Der Sturz der rebellierenden Engel*
(1562) von Pieter Bruegel dem Älteren, werden zudem
Bezüge zur Geschichte des Ikarus hergestellt. In YouTube-
Videos werden diese und weitere Referenzen minutiös
herausgearbeitet, und sogar der Text von Hesse wird mit
Ausschnitten aus dem Video kombiniert, um die Referenz
anschaulicher zu machen. „Es wäre untertrieben zu sagen,
dass viel Symbolismus in diese sechs Minuten hinein-
gepackt wurden", sagt die Erzählstimme des Kanals
„Don't Worry I'm Not Afraid", der sich auf die Analyse
und Interpretation von K-Popmusikvideos spezialisiert
hat. Während Szenen eingeblendet werden, auf die gleich
noch näher eingegangen wird, spricht sie weiter: „Ich
verspreche Euch, jedes einzelne Gemälde, jede einzelne
Statue, jeder Tropfen Wachs bedeutet etwas. Obwohl die
Motive aus verschiedensten Quellen stammen, arbeitet
jedes Symbol harmonisch mit dem nächsten zusammen.
So wird im Video ein komplexes Bedeutungssystem
geschaffen. Betrachten wir die Einzelheiten Schritt
für Schritt" (YouTube @dontworryimnotafraid7585,
2018). Sorgfältig werden im Anschluss die Referenzen
– Bücher, Gemäldevorlagen oder choreografische Rückverweise – aus den originalen Quellen herausgesucht
und mit dem Musikvideo zusammengeschnitten und
erläutert. Am Ende wird das Video in das Gesamtwerk

von BTS eingeordnet und seine Kernaussagen als allgemeingültig erklärt: „Auch wenn die vielen Symbole auf den ersten Blick beängstigend wirken, erzählen sie damit Geschichten, die wir alle nachempfinden können" (ebd.). Von akademischen Musikvideoanalysen (z.B. Kim, J.-g. 2022, Suh 2022) unterscheiden sich die Reaction-Videos oft nur formal, inhaltlich können sie mit der gleichen Dichte an Informationen brillieren.

Doch bei bloßen Motiven in einzelnen Musikvideos bleibt es nicht. „Oft bilden die symbolisch aufgeladenen Videos nur den Bruchteil einer komplexen Geschichte, welche die Künstler:innen über mehrere Videos hinweg erzählen", schreibt Elif Koc in der Zeitschrift *Kultur Korea* (Koc 2022, 9). Die Kuratorin Dasom Sung sprich sogar von einem eigenen Musikvideo-Genre: dem „Fictional Universe" (Sung 2022, 121). Das Genre des „fiktionalen Universums" zeichnet sich dadurch aus, dass sich eine bestimmte Erzählung innerhalb mehrerer Videos – zum Beispiel eines ganzen Albums, oder sogar der gesamten Produktion einer Band – über ein in sich konsistentes Setting entwickelt. Als Vorläufer nennt sie David Bowies Konzeptalbum *The Rise and Fall of Ziggy Stardust and the Spiders from Mars* von 1972, in dem Bowies Alter Ego, der fiktive Rockstar Ziggy Stardust, als Bote vom Mars auf die Erde geschickt wird, um die Welt vor der Apokalypse zu retten. Im K-Pop hat sich diese Strategie stark weiterentwickelt, und neben Gruppen wie Red Velvet oder BTS haben auch EXO, Seventeen, Vespa und viele mehr ihre eigenen einzigartigen Erzählungen entwickelt. Dass diese nicht nur innerhalb von Musikvideos, sondern auch in speziellen Fotoshootings und sogar Merchandise-Artikeln weitererzählt werden, ermöglicht es ihnen, teilweise sogar ein Marvel-artiges Universum aufzubauen.

2012 präsentierte die Band EXO eine solche Erzählung. Ihrem fiktiven Universum zufolge stammten die Mitglieder von einem unbekannten EXO-Planeten, wobei jedes eine

eigene übernatürliche Kraft besaß. Einer hatte die Fähigkeit, Wasser, Licht, Feuer oder Wind zu kontrollieren,
ein anderer besaß übermenschliche Stärke. Das fiktive
Universum von EXO wurde so detailliert gestaltet, dass
bereits vor der Veröffentlichung ihrer ersten EP *Mama*
Teaser-Trailer erschienen – mittlerweile ist das im K-Pop
durchaus üblich. Das daran anschließende Musikvideo zu
Mama fasst die Essenz der EXO-Erzählung zusammen,
wobei zahlreiche nachfolgende Musikvideos darauf auf-
bauten und die Geschichten über die Superkräfte weiter-
entwickelten. In den verschiedenen Videos sind unzählige
versteckte Hinweise verstreut, die es den Fans ermöglichen, die Mythologie des fiktiven Universums weiter
zu erschließen. Aktiv suchen sie nach Symbolen, interpretieren diese und betreiben so „EXO-logy" (ebd., 121).

Das fiktive Universum von K-Pop-Bands adressiert
sich also explizit an eine Nerdkultur, in der bekanntlich
eine ausgeprägte Gelehrtheit in bestimmten Bereichen
der Popkultur vorherrscht. Nerds interessieren sich deshalb vor allem für jene Pop-Artefakte, die genug Stoff
für die Ausbildung von Kennerschaft bieten – wie etwa
das bereits genannte Marvel-Universum oder *Herr der
Ringe* (Kohout 2022, 131). Dass sich solche Nerdkulturen
mittlerweile in sämtlichen Bereichen durchsetzen (es gibt
auch Beauty-Nerds oder Sport-Nerds), ist nicht zuletzt
den Sozialen Medien geschuldet, die einerseits den
Zugang zu sämtlichen Materialien ermöglichen oder ver-
einfachen und andererseits stets neuen Content, neue
Inhalte erfordern, die mit entsprechenden Analyse- oder
Interpretations-Videos oder TikToks leichter zu füllen
sind. Von Fan Fiction einmal ganz abgesehen. Wie die
meisten Inhalte in den Sozialen Medien ist K-Pop also in
vielerlei Hinsicht affordant, das heißt, er besitzt einen Auf-
forderungscharakter, er ist bereits so konzipiert, dass er zu
Reaktionen und Interaktionen anregt.

Fanpraktiken im K-Pop

„You have to perform your fandom."

(David Tizzard)

Jogong und Yeokjogong: Kooperative Fankultur

Wer schon einmal auf einem K-Pop-Konzert war, kennt wahrscheinlich das ausgeklügelte, aber auch liebenswerte Sich-gegenseitig-Beschenken. Schenken spielt in der K-Popkultur eine große Rolle: Seien es kleine Giveaways, die Fans untereinander austauschen – etwa bei einem Konzert, wenn jeder Fanclub eigene Merchandising-Artikel verteilt –, Geschenke, die Fans ihren Idols stiften, oder umgekehrt solche, die Idols an ihre Fans geben. „Jogong" ist der Slangausdruck für Geschenke von Fans an ihre Idols, „Yeokjogong" bedeutet das Gegenteil: Prominente beschenken ihre Fans. Wörtlich übersetzt heißt Jogong

A. Kohout, *K-Pop,* Essays zur Gegenwartsästhetik, https://doi.org/10.1007/978-3-662-67577-9_4

„Tribut zollen", eine Formulierung, die sich vielleicht nur in einer sehr höflichen und hierarchischen Gesellschaft etablieren konnte. Oder, weil sie Tradition hat: In der „Zeit der drei Königreiche" Goguryeo, Baekje und Silla, die zwischen dem 1. Jahrhundert v. Chr. bis zum 7. Jahrhundert n. Chr. weite Teile der koreanischen Halbinsel und der Mandschurei beherrschten, gab es das sogenannte „Tribut-System". China stand in dessen Zentrum, und benachbarte Völker schickten tributpflichtige Gesandtschaften, um ihre Unterwerfung unter den chinesischen Kaiser zu symbolisieren und – so zumindest eine häufige Lesart – um Ordnung und Frieden aufrecht zu erhalten. Das wurde in Korea ebenfalls „Jogong" genannt (Wang, 2013 207).

Heute geht es beim Jogong der K-Pop-Fans darum, den Stars Anerkennung und Respekt zu zollen. Wie bei einem Potlatsch, einem von Übermaß und Verausgabung geprägten Akt des Schenkens, handelt es sich um eine ritualisierte Aushandlung des sozialen Status des Idols. Oder in den Worten von Lee Shi-hu: darum, das öffentliche Ansehen der jeweiligen Lieblingskünstler:innen zu verbessern oder zu zementieren (Lee, S.-h. 2019).

Wer nun glaubt, es handle sich bei den Geschenken um kleine Kuscheltiere oder Rosen, die beim Konzert auf die Bühne geworfen werden, irrt sich gewaltig. Neben Geschenken zu Geburtstagen und Jahrestagen, mit denen sich K-Pop-Idols stolz in den Sozialen Medien inszenieren, stiften Fans ihren Stars Werbeanzeigen oder Versorgungswägen – sogenannte „Foodtrucks", die an den Drehort geliefert werden, an dem ihre Lieblingsprominenten und deren Mitarbeiter:innen für einen Film oder eine Fernsehsendung drehen. Oder sie lassen im Namen ihrer Künstler:innen Spenden tätigen oder Bäume pflanzen, um deren öffentliches Image positiv zu beeinflussen. Die Fans von EXO spendeten beispielsweise Reis für ein

Waisenhaus, die Fans von Twice spendeten für die Korea Childhood Leukemia Foundation (KCLF).

Während hierzulande K-Pop ausschließlich als Popkultur gilt, die von Kindern und Jugendlichen bevorzugt wird, gibt es in Südkorea und in den benachbarten ostasiatischen Ländern viele ältere Fans, die über entsprechende finanzielle Mittel verfügen. Jüngere oder weniger betuchte Fans sammeln Geld innerhalb der Fangemeinde – denn die Geschenke müssen hochwertig sein. Im Laufe der Zeit haben Fans begonnen, sich im Jogong zu messen, indem sie Designerwaren oder hochwertige Elektronik verschickten. 2011 bekam der Schauspieler Park Si-hoo von seinen Fans ein Auto im Wert von 150 Millionen Won (134.000 US$) zum Geburtstag (Park 2013). Einige Managementfirmen und Künstler:innen nehmen die Jogong-Kultur sogar als selbstverständlich hin und bitten ihre Fangemeinde um teure Geschenke. Das aber wird auch kritisiert, da Fans oft Geschenke machen, die ihre finanziellen Möglichkeiten übersteigen. Daher werden persönliche Geschenke mittlerweile überwiegend abgelehnt (Lee, S.-h. 2019).

Geschenke können auch Druck erzeugen. „Wie soll ich euch das nur jemals zurückzahlen", fragt die Schauspielerin Son Yejin ihre Instagram-Follower unter einem Foto, auf dem sie inmitten ihrer pompösen Geburtstagsgeschenke sitzt (Son 2022). Das entspricht dem Paradigma der Gabe: Immer und überall verlangt die Gabe nach einer Gegenleistung. Man ist immer verpflichtet, etwas zurückzugeben, auch wenn das auf sehr unterschiedliche Art und mit unterschiedlicher Gewichtung passieren kann. Marcel Mauss schrieb in diesem Sinne: „Es ist die Basis, auf der sich die Moral des Geschenkaustauschs erhebt" (Mauss 1990, 164). Um das kameradschaftliche Gleichgewicht zwischen Idols und ihren Fanclubs wiederherzustellen, hat sich die Gegengabe etabliert, das

Yeokjogong. Hierfür stiften Stars ihren Fans Essensgut-scheine für Fastfood-Ketten, Beauty-, Lunch- und Snack-boxen oder Starbucks-Getränke. Diese werden dann von den Fans ebenfalls stolz auf Instagram präsentiert (oder zu hohen Preisen auf Ebay versteigert).

So bleibt in der K-Pop-Geschenkkultur uneindeutig, wer wem unterworfen ist und Tribut zollt. Beidseitig wird über Geschenke das aufrechterhalten, was die K-Pop-Fan-kultur so einzigartig macht: ihr kooperatives Verhältnis zu den Idols.

K-Pop-Fans als „neue Kulturvermittler:innen"?

So wenig die Mainstreamkultur außerhalb Ostasiens durch südkoreanische Produktionen geprägt zu sein scheint, so selten K-Pop in Radio oder Fernsehen ausgestrahlt wird oder Skandale es in die (Klatsch-)Zeitschriften schaffen, so mächtig sind die K-Pop-Fandoms. Sie agieren teilweise wie Institutionen und investieren viel Aufwand und Geld – nicht nur, wenn es um Geschenke geht. Die Ergebnisse ihrer Bemühungen sieht man zum Beispiel auf Soompi und allkpop, multimedialen Online-Fanseiten, die einem „super-nationalen Fandom" (Bok-rae 2015, 157) massen-haft Informationen, Klatsch und Tratsch, Rezensionen, Gerüchte, Kommentare und Videos bereitstellen. Sie betreiben ihre eigenen Newsrooms, eigene Galerien, Foren, Shops und sogar Musikcharts (Choi 2015, 43). Auf Streamingseiten wie viki.com übersetzen Fans die neuesten Dramen und Filme und sorgen so für Barrierefreiheit und Zugänglichkeit. In vielen Fällen kann man ihre Arbeit sogar als proto-wissenschaftlich auffassen.

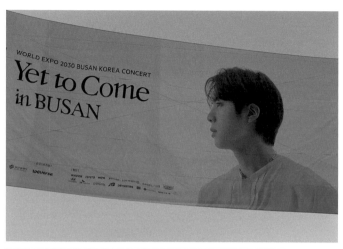

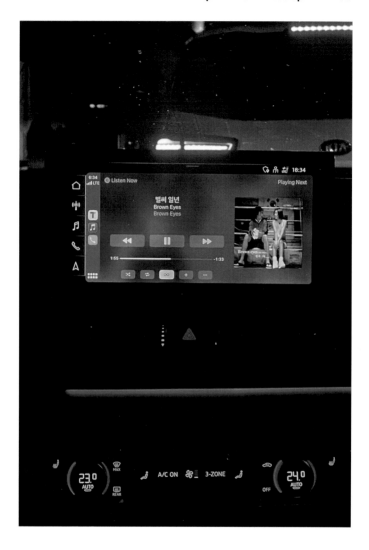

Fans und Wissenschaft – geht das überhaupt zusammen? Wenn man ehrlich ist, stellt sich diese Frage auch den Geisteswissenschaftler:innen: Wie kann man pop-kulturellen Artefakten adäquat begegnen? Mit welchen Methoden, aber auch mit welchem Selbstverständnis nähert man sich Filmen, Serien oder Musikvideos? Wie „betroffen" oder „involviert" darf oder sollte man in den eigenen Untersuchungsgegenstand sein, damit hinreichend Abstand gegeben ist, um sich dem in jeder Wissenschaft stets angestrebten Ideal der Objektivität anzunähern?

Die Frage, ob und, wenn ja, wie man zu objektiven Erkenntnissen gelangen kann, hat genauso Tradition wie die Infragestellung von dergleichen. Das Argument, dass Wissenschaft von Subjekten praktiziert werde, die „handelnde und sprechende Personen" und in Inter-aktionen eingebettet seien, weshalb jede Erkenntnis immer auch von Interessen geleitet sei, dürfte den meisten ver-traut und verständlich sein (Habermas 1973, 396). Nun ist aber Person nicht gleich Person, Subjekt nicht gleich Subjekt. Mit der Bezeichnung „Fan" ist gemeinhin ein bestimmter Personen- bzw. Subjekttypus benannt, der sich durch ein besonders distanzloses, ja fanatisches Verhältnis zu einem jeweiligen Gegenstand auszeichnet, wobei dieser Gegenstand meistens aus dem populärkulturellen Bereich stammt. Im Gegensatz zu Kunstliebhaber:innen hoch-kultureller Artefakte, die ein distanziertes, gemäßigtes, bedachtes Verhältnis zu den Werken „pflegen", gelten Fans im öffentlichen Diskurs „als besessene Individuen (mehr-heitlich männlich, zum Beispiel der Fußballfan, der Biker etc.) und als hysterische Masse (mehrheitlich weiblich, zum Beispiel Popfans, Starfans etc.)" (Mikos 2010, 108). Fans reagieren unmittelbar und oft im Affekt auf ihre Stars oder die von ihnen begehrten Produkte; es überrascht daher nicht, dass sie sich zur wissenschaftlichen Aus-einandersetzung mit dergleichen nicht zu eignen scheinen, fehlt es ihnen doch gänzlich an Objektivität. Hinzu kommt: Fans bezeugen einen Glauben. Den Glauben an die Bedeutsamkeit einer Person oder Personengruppe und ihrer Wirkmächte.

Wie sollte also angesichts dieser Voraussetzungen und dem beinahe religiösen Eifer ein unvoreingenommener, wertfreier Blick möglich sein? In der geisteswissenschaftlichen Praxis hat sich wohl nicht zuletzt aus den genannten Gründen eine Methode durchgesetzt, die Dietmar Dath in seinem Buch *Sie ist wach* über die US-amerikanische Fernsehserie *Buffy the Vampire Slayer* (1997–2003) einmal süffisant-kritisch mit einem Sandwich verglichen hat: „Warum nicht einfach das, was man weiß, auf das draufpacken, was man mag? Ist doch auch ein Sandwich. Gute Bücher können so entstehen, Fernsehen plus Bildung gleich wilde Behauptungen, und darin liest man dann über ‚Eudämonie' am Beispiel von Faith, über Kierkegaard und Buffy, Nietzsche und Vampire, vor allem immer wieder über so ein „und". Erklärt wird wenig: nicht Kierkegaard mit Buffy, nicht Buffy mit Kierkegaard. Aber schöne Schnittchen kommen dabei heraus. Warum also nicht sowas schreiben? Des Grusels wegen" (Dath 2003, 19).

Damit entlarvt er eine gewisse Verlegenheit, die Wissenschaftler:innen empfinden dürften, die sich nicht nur aus Forschungsinteresse, sondern vielleicht auch aus persönlichen oder sogar emotionalen Gründen mit einem populärkulturellen Artefakt beschäftigen. Eine andere Strategie, innerhalb der Geisteswissenschaften mit der eigenen Involviertheit und der damit verbundenen Verlegenheit umzugehen, ohne die angestrebte Objektivität aufgeben zu müssen, ist die Beschränkung auf rein empirische Erhebungen oder ethnologische Studien. Dafür ist nicht nur, aber doch in besonderem Ausmaß die akademische Auseinandersetzung mit K-Pop und K-Pop-Fans beispielhaft.

Wer sich mit populärkulturellen Themen beschäftigt, neigt eher zum theoretischen Überbau, gilt der Untersuchungsgegenstand doch als banal und oberflächlich. Denn nicht nur die vermeintliche Unfähigkeit zur Objektivität führte bislang zur Unvereinbarkeit von Fans und Wissenschaft. Es war auch die bis heute existierende, wenn auch unscharf gewordene Grenze zwischen Hoch- und Populärkultur, „high art" und „low art". Gewiss ließen sich auch Geisteswissenschaftler:innen, die sich mit Johann Wolfgang von Goethe oder mit Ernst Jünger beschäftigen, unter anderen Vorzeichen als Fans klassifizieren. Für sie gelten vergleichbare Urteile (z. B. fehlende Objektivität, da befangen) allerdings nicht. Da ihr Gegenstand keiner Rechtfertigung bedarf, bleibt die Motivation für ihre Forschung unhinterfragt.

Aber was macht einen Fan eigentlich zum Fan? Fans „kommunizieren mit anderen Fans und bilden so Fangemeinden, sie organisieren Treffen, sie produzieren eigene Fangemeinden [...]. Fan-Sein heißt, sich selbst an der Populärkultur zu beteiligen, ist eine partizipatorische kulturelle Praxis" (Mikos 2010, 109). Gerade deshalb sind Fans generell längst nicht mehr nur Konsument:innen. Sie übersteigen in ihrer Praxis auch bloße Formen von Partizipation, wie sich in zahlreichen selbst produzierten YouTube-Clips, Collagen, Gemälden und vielem mehr sehen lässt. Fan-Sein geht über die persönliche Dimension hinaus. Im Zeitalter von Internet und Sozialen Medien, wo Recherchepraktiken zum Alltag gehören, kann das sogar professionellere Züge annehmen. Tatsächlich gibt es einige Überschneidungen, was die Tätigkeitsfelder und Methoden von Fans und Geisteswissenschaftler:innen betrifft. Viele Fans sammeln und kategorisieren akribisch Material zu den Themen, Stars oder populärkulturellen Artefakten, die sie verehren. Sie leisten Vermittlungsarbeit (etwa wenn sie Wikipedia-Beiträge verfassen) oder interpretieren Filme, Musikstücke oder Auftritte in Form von Texten (z. B. Blogbeiträgen und Twitter-Threads) oder Clips auf YouTube. Sie üben auch mal mehr und mal weniger sachliche Kritik – etwa in Form von Reaction-Videos (vgl. Kohout 2022, 183 ff.). Wenn es um populäre Kultur geht, kann das Faktenwissen von Fans sogar deutlich ausgeprägter sein als das von Wissenschaftler:innen – was schließlich zu einem vergleichbaren distinktiven Verhalten und zu vergleichbaren Hierarchien innerhalb der jeweiligen Communities führen kann. Ihre eigene Bedingtheit zum Thema machen, wie das Wissenschaftler:innen idealerweise tun sollten, um sich für Kritik anderer zu öffnen, müssen Fans allerdings meistens nicht.

Diese eben skizzierten Praktiken sind unter westlichen Fans der südkoreanischen Populärkultur besonders ausgeprägt, da sie einerseits, wie bereits gezeigt, von der K-Pop-Industrie geradezu forciert werden, indem Musikvideos Rätsel aufgeben, oder wenn Bands so viele Mitglieder haben, dass zum Verständnis Recherche unabdingbar ist. Andererseits wird die Beschreibung, Analyse, Interpretation, Einordnung und Vermittlung von K-Popkultur von etablierten Instanzen der Medien und Wissenschaft noch nicht oder nur wenig übernommen – ein Defizit, das Fans ausgleichen wollen.

Wer sind die Fans? Die globale Zugänglichkeit südkoreanischer Popkultur wird zum einen von der koreanischen Diaspora geschätzt, deren Angehörige das Bedürfnis verspüren, Inhalte aus ihrer Heimat zu konsumieren, als „Material für Nostalgie" (Hong 2017, 69). Zum anderen aber auch von all denjenigen, die aus unterschiedlichen Gründen neugierig sind auf ihnen noch nicht vertraute Inhalte und Produkte, die sie selbstständig entdecken und über die sie sich Wissen aneignen können. Es ist in gewisser Weise zum Lieblingsrätsel der *Hallyu*-Forschung geworden, Erklärungen dafür zu finden, was internationale Fans – besonders solche ohne kulturelle Verbindung zu Südkorea – an den Inhalten von K-Pop und K-Dramen interessiert oder fasziniert, ja sie zu Mitwirkenden an der damit verbundenen Industrie werden lässt. Kulturwissenschaftliche Studien nähern sich der Frage, wer die Fans sind und warum sie sich für K-Content begeistern, zumeist mit qualitativen Rezeptionsstudien und Inhaltsanalysen an. Die Kommunikationswissenschaftlerin Hong Seokkyeong hat nicht ohne Ernüchterung zusammengefasst, dass diese Studien vor allem darstellenden Charakter haben, indem sie betonen, dass sich ein enorm großes Publikum – besonders, aber nicht nur – in ostasiatischen Ländern für südkoreanische Massenkultur begeistert. Dann wird erforscht, warum ein bestimmtes Land sich in besonderem Ausmaß für die Inhalte interessiert, indem nach kulturellen Gründen gesucht wird oder qualitative Rezeptionsstudien durchgeführt werden. Und zu guter Letzt versuchen Forschende über eine Inhaltsanalyse der Musikstücke oder Dramen die kulturellen Elemente offenzulegen, die für ein globales Publikum so attraktiv sind, um dann festzustellen, dass sich sogar das transnationale Publikum beim Betrachten koreanischer Inhalte mit Ostasiaten identifiziert. Es wird meist davon ausgegangen, dass die Identifikation mit Ostasiat:innen möglich ist, weil das Publikum entweder Ähnlichkeiten erkennt – oder realisiert, was man selbst in seiner eigenen Kultur vermisst oder verloren hat (ebd.).

Doch mindestens so relevant wie die digitalen Infrastrukturen sowie die Inhalte und deren kulturelle Anschlussmöglichkeiten dürfte die soziale Dimension der K-Pop-Fankultur und die bereits angedeutete Autorität der Fans sein. Fans von K-Pop haben oft ein ausgeprägtes Selbstverständnis als aktiv Mitwirkende am Erfolg ihrer

Idols. Dieses Selbstverständnis geht über die bereits verbreitete Vorstellung von Fans hinaus, die nicht mehr nur Konsumenten, sondern zudem Produzenten – also *Prosumer* (vgl. Toffler 1980) – sind.

Den K-Pop-Fandoms wird in der K-Pop-Industrie und der Forschung über K-Pop daher auch ein wichtiger Stellenwert beigemessen. Die Möglichkeiten ihrer Machtausübung werden vielfach innerhalb der K-Popkultur selbst thematisiert – zum Beispiel in K-Dramen wie *Record of Youth* (2020) oder *Imitation* (2021). In diesen Serien wird nicht nur die Unerbittlichkeit der Branche aufgezeigt, sondern auch die Macht der Fans anschaulich gemacht, die in Fanclubs organisiert unter eigenen Namen, ja sogar als Labels agieren – und das durchaus politisch. In der Serie *Imitation* von Han Hyun-hee kommuniziert etwa der fiktive Fanclub Fins von der ebenfalls fiktiven Band Shax über im Internet veröffentlichte Statements mit einzelnen Mitgliedern der Gruppe – um ihnen wahlweise zu huldigen, sie vor vermeintlich ungerechtfertigter Kritik zu schützen oder sie aber auch unter Druck zu setzen. Fehltritte der Idols werden mit Boykottdrohungen (gegenüber einem Musikvideo, Auftritt etc.) bestraft. All das ist nur möglich, weil die Mitwirkung der Fans am Erfolg ihrer Idols nicht nur subtil verstanden (ohne Fans gibt es auch keine Stars), sondern als Praxis aktiv ausgeübt wird. Die Kommentarspalten zu K-Pop-Musikvideos auf YouTube sind „mitunter ausschließlich mit variierenden Aufrufen der ARMY gefüllt, doch bitte mehr zu streamen, um die Klickzahlen weiter in die Höhe zu treiben, neue Rekorde zu produzieren, die Konkurrenz zu überbieten. Entsprechend empfindlich wird reagiert, wenn YouTube sog. Fake-Views von Bots löscht und damit begehrte Zahlen ‚klaut‘. Hier entsteht eine Form von Teilhabe, die sich nicht auf wirkungslose subjektive Bewunderung der Idole reduzieren lassen will" (Beregow 2019, 30).

Zunehmend werden vor allem internationale K-Pop-Fans politisch. In bester Erinnerung dürfte eine Wahlkampfveranstaltung von Donald Trump im Juni 2020 geblieben sein, die dank US-amerikanischer K-Pop-Fans zum Fiasko wurde. Sie hatten sich in den Sozialen Medien organisiert, massenhaft Tickets bestellt und waren dann nicht hingegangen – aus Protest gegen Trumps Drohung, TikTok in den USA zu sperren.

Die Wirksamkeit und Macht der Fandoms zeigt sich auch daran, dass Fans von K-Pop teilweise ähnlich populär sind wie die Bands selbst. Das chinesisch-amerikanische Paar Ellen und Brian haben zum Beispiel mit ihren Choreografie-Coverversionen von Blackpink, BTS oder aespa auf YouTube bereits über 3 Millionen Follower. Die Fanbase ARMY von BTS hat auf Twitter rund 5,5 Millionen Follower (Stand Februar 2023) – da sind die unzähligen nationalen ARMY-Account nicht mit einberechnet.

Wie K-Pop selbst einerseits von der US-amerikanischen, andererseits aber auch von der japanischen Popkultur beeinflusst ist, trifft das auch auf den K-Pop-Fan zu. Wurden Fans in der westlichen Popkultur, wie eingangs bereits beschrieben, bislang oft als Menschen beschmunzelt, die ihrem Star verfallen sind und passiv konsumieren, gelten die japanischen *Otakus* darüber hinaus auch als besondere Kenner nicht nur beispielsweise einzelner Mangas, Animeserien, Zeichner oder Charaktere – sondern ganzer Genres, Motivwelten und vor allem auch der mit den jeweiligen popkulturellen Artefakten verbundenen Ökonomien (Communities, Sammlerszenen, Plattformen etc.). Im *Otaku* kommen die Fan- und Nerd-Figur zusammen, letzter zeichnet sich neben dem Enthusiasmus für Popkultur auch durch sein Spezialwissen aus, das ihn in die Nähe bzw. in Tradition zu Figuren wie dem (verrückten) Wissenschaftler rückt (vgl. Kohout 2022). Doch anders als beim *Otaku*, der als asozialer Eigenbrötler beschrieben wird, sind die K-Pop-Fans sozusagen soziale *Otakus*, sie besitzen nicht nur Kennerschaft, sondern kümmern sich zudem um Infrastrukturen der Vermittlung. Beide Begriffe wurden auch ins Koreanische übernommen: *paen* aus dem englischen „Fan" und *otaku* aus dem gleichlautenden japanischen Wort. Laut Kim Jin-won bezog sich der in den 2000er Jahren sehr verbreitete Ausdruck Fan vor allem auf westliche Popkultur, währenden man Otaku für ostasiatische Produktionen oder Stars benutzte. Mittlerweile hat sich die Begriffsverwendung weiter ausdifferenziert.

Lisa Yuk-ming Leung bezeichnet K-Pop-Fans daher als „Kulturvermittler:innen", was „die komplexen Rollen und Tätigkeiten von Fans, die die künstlerische Produktion, das Gatekeeping, das Kuratieren, die Katalogisierung, die Bearbeitung, die Terminplanung, den Vertrieb, das Marketing/die Werbung und den Einzelhandel verwalten und koordinieren", am besten beschrieben würde (Leung 2017, 88).

Schon Henry Jenkins hat gezeigt, inwiefern Fans „Textual Poachers" sind, die engagiert auf populäre Medien reagieren. In dieser Formulierung sind Fans nicht einfach passive Konsumenten populärer Artefakte, sondern sie werden zu aktiv Teilnehmenden an der Konstruktion und Zirkulation von Textbedeutungen. Fans können also durchaus versiert und subversiv sein, wenn sie ihrerseits neue analytische und kreative Werke schaffen. Zu diesen Werken gehören Blog-Posts, selbstveröffentlichte (Online-)Zines, Fanfiction, Kunst, Filme, *Filk*-Songs und Fan-*Vids* (Jenkins 2012, 24). Hinzu kommen kulturvermittelnde Tätigkeiten, darunter das sog. *Fansubbing*, die Erstellung und das Betreiben von Newsseiten oder das Ausüben von Analyse und Kritik.

Hallyu ist nicht der erste ostasiatische Trend, der große, teilweise weltweite Popularität erlangt hat. In den 1970er Jahren bis in die 1990er Jahre hat die „Hongkong-Popkultur", vertreten durch Genres wie den Kung-Fu-Film oder Cantopop große Bekanntheit erlangt, und auch japanische Popkultur muss erwähnt werden, deren Mangas und Anime-Serien (z. B. Pokemon, Sailormood, Ju-Gi-Oh) oder Figuren (z. B. Hello Kitty) nicht mehr von der globalen Weltbühne wegzudenken sind. „Hallyu ist wie ein koreanisches Auto, das auf einer gut ausgebauten Autobahn fährt, die hauptsächlich von der japanischen Populärkultur gebaut und poliert wurde" (Hong 2017, 202), hat Hong Seok-kyeong geschrieben, um zu veranschaulichen, dass es die ohnehin mit ostasiatischer Popkultur vertrauten Fans waren, die auch K-Pop entdeckten (Hong 2017, 76). Sie konnten entsprechend schon auf einige vorhandene Infrastrukturen und Fanpraktiken zurückgreifen.

Eine davon ist die seit den 1980er Jahren bestehende Praxis des Fansubbing, die Untertitelung und Vermittlung fremdsprachiger – in diesem Fall ostasiatischer – Filme und TV-Produktionen, was als „eine der einflussreichsten und erfolgreichsten Amateurkulturen" gilt (Pérez-González 2007, 67). Der Begriff *Fansubber* bezieht sich auf alle Fans, die am Prozess des Fansubbing teilnehmen, sei es durch die Übersetzung von Dialogen, die Bearbeitung von Videos oder die Leitung eines Übersetzerteams. Dass längst nicht mehr nur eine homogene Gruppe von Sprachexpert:innen Übersetzungsleistungen vornimmt, hat viel mit der sozialen Dimension der Übersetzung als gemeinschaftsstiftender Fanpraxis zu tun: „Filme oder Fernsehsendungen mit Untertiteln dienen inzwischen auch anderen Zwecken, etwa der Stärkung des sozialen Zusammenhalts oder der Integration bestimmter Gruppen innerhalb der Gemeinschaft" (ebd.). Wenn

Fans ihre Zeit und Arbeitskraft freiwillig und weitgehend unvergütet zur Verfügung stellen, dann wegen der (und für die) Gemeinschaft. viki.com ist die größte Fansubbing-Plattform, auf der Fans seit 2008 u. a. K-Dramen untertiteln und damit sogar Streamingdiensten wie Netflix oder Amazon Prime Konkurrenz machen, die professionelle Übersetzer:innen beschäftigen. Andere vergleichbare Websites wie DramaFever.com und Kocowa.com, die seit Mitte der 2000er Jahre von der boomenden Popularität südkoreanischer Popmedien im englischsprachigen Westen profitiert haben, konzentrieren sich fast ausschließlich auf die schnelle Bereitstellung professionell untertitelter Videoinhalte.

Die *Viki*-Community hat ihre Wurzeln in der Fansubbing-Gemeinschaft für K-Dramen, die sich der Übersetzung, Untertitelung und kostenlosen Verbreitung von Serien aus Südkorea (aber auch China, Japan, Vietnam und Taiwan) im Internet widmet. K-Drama-Fansubber begannen ihre Arbeit um 2004 und verbreiteten Hunderte von Serien weltweit. Durch ihre Arbeit haben die Fans nicht nur dazu beigetragen, die englischsprachige K-Drama-Fangemeinde aufzubauen, sondern auch die Erwartungen definiert, die an die untertitelten Inhalte gestellt werden (vgl. Woodhouse 2018, 2). Fansubber sind also nicht nur das, was Lee Hye-kyung „neue Kulturvermittler:innen" nannte, die „Aufgaben der Kulturvermittlung übernehmen, die unerlässlich sind, um ein kulturelles Produkt einem Publikum in Übersee zugänglich zu machen" (Lee, H.-k. 2012, 132 f.) – wie z. B. Übersetzung, Untertitelung und Medienvertrieb (Woodhouse 2018, 6). Sondern sie leisten darüber hinaus etwas, das laut Steffen Martus und Carlos Spoerhase zur (wissenschaftlichen) „Geistesarbeit" zählt: sie erstellen Vergleichsgruppen, plausibilisieren Vergleichsgrößen, verhandeln Kriterien und erzeugen damit Wertmaßstäbe

(Martus/Spoerhase 2022, 13). So werden in Fanforen ausgiebig die Übersetzungsleistungen diskutiert, und jene angeprangert, die dem kulturellen Kontext nicht entsprechen oder weniger angemessen sind. Das setzt nicht nur ein Verständnis jenes kulturellen Kontextes voraus, sondern auch die Erarbeitung von Kriterien zur Bewertung.

Auch (Online-)Fanzines lassen sich allem Klatsch und Tratsch zum Trotz der Geistesarbeit zurechnen, die ebenfalls, wie Martus und Spoerhase betonen, nicht nur in „der einsamen Schreibarbeit" besteht, sondern auch darin, „politische Entscheidungen halbwegs vernünftig zu integrieren […], Mitarbeitende einzuweisen und zu qualifizieren, Querelen in Projekten zu schlichten oder Zeitungsartikel für das größere Publikum zu lancieren" (ebd., 13). Eine der ältesten englischsprachigen K-Pop-Fanseiten ist die von Susan Kang 1998 gegründete Website Soompi.com, heute zudem eine der größten Online-Communitys für koreanische und ostasiatische Unterhaltungskultur im Netz. In einem 2011 geführten Interview mit *The Korea Times* umreist die Gründerin ihr Ziel wie folgt: „Ehrlich gesagt bin ich mir nicht sicher, ob die USA bereit sind, Asiaten als Idols zu akzeptieren, da Asiaten im Fernsehen und in Filmen immer noch häufig als unbeholfene Streber oder Kung-Fu-Meister dargestellt werden, aber ich glaube, es ist nur eine Frage des ‚Wann', nicht des ‚Ob'. Ich hoffe, es ist eher früher als später. In 10 Jahren werde ich 45 Jahre alt sein. Ich hoffe, dass die Soompi-Gemeinschaft bis dahin immer noch stark ist und die Liebe zu koreanischem und asiatischem Pop an ein viel breiteres Publikum weitergegeben wird" (Rose und Garcia 2010).

Kangs ursprüngliche Website, *Soompitown*, war ziemlich schlicht. Sie lud lediglich Fotos ihrer Lieblings-K-Pop-Acts wie H.O.T., S.E.S., Shinhwa und FinKL sowie

englische Übersetzungen koreanischer Zeitschriften-
artikel hoch und veröffentlichte CD-Hörproben und
eigene Kritiken neuer Alben. Als in den 2000er Jahren
auch die internationalen Fans *Soompi* entdeckten, wurde
die Website zur Plattform einer sich neu formierenden
Community. Mittlerweile ist *Soompi* ein ernstzu-
nehmendes Unternehmen mit Büros in San Francisco und
Seoul. Das Redaktionsteam besteht aus Redakteur:innen
und Mitarbeiter:innen aus der ganzen Welt, während es in
der südkoreanischen Unterhaltungsbranche weiter an Einfluss gewinnt und Unterstützung von den großen *Entertainment Companies* JYP, SM oder YG Entertainment zum
Beispiel für Fanspecials erhält. Durch die Bereitstellung
von News, Teasern, Quiz-Spielen oder Kritiken agieren sie
ebenfalls nicht nur als interkulturelle Vermittler, sondern
auch, um Reputationsgewinne zu erzielen, wie Leung Yuk-
ming zusammenfasst: „Im Kontext des K-Pop treten Fans
als (inter)kulturelle Vermittler auf, die die prosumptiven
Fähigkeiten und Praktiken der Ausnutzung von Idol-
Texten für Marketingzwecke und die Verwaltung einer
virtuellen Fanbasis sowie die Organisation und Über-
schneidung von Online-Genuss mit Offline-Aktivitäten
mit dem Hintergedanken nutzen, ihren eigenen Status in
der Fan-Hierarchie zu verbessern" (Leung 2017, 90).

Die Auseinandersetzung mit kulturellen Artefakten
findet schon lange nicht mehr nur an Universitäten oder
Forschungsinstituten, in Zeitungen, Zeitschriften, im
Radio oder Fernsehen, in Galerien oder Museen statt,
sondern vor allem auf den Plattformen Sozialer Medien,
wo neue Akteur:innen eigene Formate und Genres im
Umgang mit Literatur, Kunst, Theater, Film und etwaigen
anderen Kulturformen etabliert haben. Bislang kam der
traditionellen Kulturberichterstattung, -vermittlung und
-wissenschaft eine zentrale Bedeutung für gesellschaftliche
Diskurse zu. Im Feuilleton und in Bildungseinrichtungen

wurde die öffentliche Urteilsbildung kanalisiert, man hat Marktpositionen zugewiesen und kulturelle Archive und Kanons gestaltet. Durch die Sozialen Medien ist die Machtposition der traditionellen Einrichtungen allerdings ins Wanken geraten. Allgemeine und tendenziell kulturpessimistische Lamentos in diesem Zusammenhang lauten, dass man sich nur noch oberflächlich oder zumindest verknappt mit einem (kulturellen) Gegenstand beschäftigen könne, da umfassendere oder komplexere Beiträge angesichts der Mengen an Information nicht mehr wahrgenommen oder verarbeitet werden könnten. Es gebe zudem einen Anstieg amateurhafter und semiprofessioneller Auseinandersetzungen mit kulturellen Artefakten, die keine „neutrale" Auseinandersetzung mit einem Gegenstand darstellten, sondern auf Grund der eigenen Involviertheit, die eingangs beschrieben wurde, oft auch Huldigung oder Werbung sein könne (vgl. Kohout 2022, 183).

Insbesondere das Format der Kritik ist von der Debatte begleitet, ob sie denn erst durch die Nähe zum Kritisierten ermöglicht werde – oder nicht doch – und im Gegenteil – auf einer Distanz zum Kritisierten beruhen müsse, da es nur so möglich sei, Missverhältnisse wahrzunehmen. Umgreifender etablierte sich gewiss letzterer Standpunkt, der Kritiker:innen gewissermaßen einen Sonderstatus verlieh (vgl. Jaeggi, Wesche 2009, 9).

Dass auch Formen der Kritik längst in den Sozialen Medien und auch von Fans kultiviert wurden, ist naheliegend. K-Pop Fans betreiben ganze Reaction-Video-Accounts, wo Menschen dabei gefilmt werden, wie sie auf etwas reagieren. So kommt es beispielsweise zu einer Konstellation, bei der klassische Musiker:innen auf K-Pop-Musikvideos oder -Konzerte reagieren. Diese sieht man dann konzentriert blicken, prüfend die Augen zusammenkneifen oder diese ganz plötzlich überrascht aufreißen. Dann wird das Gesicht von einem breiten Grinsen überzogen oder das Kinn nachdenklich auf den Handrücken gelegt. „Wow, die Ästhetik ist umwerfend!", spricht eine Frau in die Kamera. „Das kam unerwartet", ergänzt der Mann neben ihr. „Im Kopfhörer schwingt der Sound der Violinen von links nach rechts, wie schön, dass sich das in seiner Tanzbewegung spiegelt"; „Hörst du diesen einen Ton, der nicht in die Melodie passt? Ich denke damit soll angekündigt werden, dass sich etwas verändern wird"; „Einfach Großartig"; „Es ist sehr linear"; „Das ist wie eine perfekte Hochzeit aller Medien, die an einer solchen Produktion beteiligt sind: Musik, Choreografie, Film"; „Aber die Tonika ist echt bizarr." (ReacttotheK, 2020) Im Verlauf des Videos werden eine ganze Reihe durchaus heterogener und anspruchsvoller Beobachtungen dieser Art angestellt. Einzelne Passagen werden gedeutet, Musik, Choreografie, Ästhetik oder Instrumente beschrieben und kontextualisiert – ganz ähnlich, wie es auch sonst in einer guten feuilletonistischen Kritik üblich ist. Daneben wird aber immer wieder auch der eigenen Erregung Ausdruck verliehen; allerdings werden die Affekte und Emotionen nicht einfach rausgelassen, sondern sozusagen live und instantan gestaltet. Die Reaktionen im Video erfolgen in dem Wissen, dass sie vor Publikum stattfinden, und über dieses Wissen soll auch nicht hinweggetäuscht werden. Das wiederum unterstreicht: Die Protagonisten auf den Videos sind den Emotionen nicht unfreiwillig ausgesetzt, sie sind nicht Opfer ihrer eigenen Affekte, zu ‚schwach' sich dieser zu ermächtigen – sondern die Emotionen werden ganz im Gegenteil eigens provoziert, aus den Reagierenden herausgekitzelt. Deshalb handelt es sich bei ihnen auch um in Form gebrachte, gestaltete Emotionen. Und diese gestalteten Reaktionen kann man durchaus als eine Spielart der Kritik deuten. So dient die offenkundige Inszenierung der Affekte dazu, die Immersivität oder Suggestivkraft des jeweiligen Artefakts zu belegen.

Sie sollen vorführen, welch starke Emotionen es hervorzubringen im Stande ist – was fraglos als Kriterium gelten und dann auch als eine Qualität beurteilt werden kann.

Hinzu kommt, dass solche Reaction-Videos ihrerseits Reaktionen hervorrufen: In den Kommentarspalten oder neuen Videos werden Wissenslücken getilgt, Urteile in Frage gestellt, über Motive spekuliert und die Qualität diskutiert.

Es gibt also eine Reihe von Überschneidungen zwischen der Arbeit involvierter, betroffener Fans und distanzierter, kritischer Wissenschaftler:innen. Nicht selten lässt sich beobachten, wie grundlegende wissenschaftliche Praktiken wie das Vergleichen, Klassifizieren, Erstellen von Kriterien und Wertmaßstäben intuitiv praktiziert und kultiviert werden. Natürlich soll hier nicht der Eindruck erweckt werden, das gelte für alle Fans südkoreanischer Popkultur. Vielmehr handelt es sich um einzelne Fans, die innerhalb der Community auch entsprechende Reputation erfahren. So gibt es in den Fandoms Mitglieder, die stärker in ihr Objekt der Begierde involviert sind als andere, denen zugleich eine Distanznahme dazu möglich ist. Über die Literaturkritik hat Marcel Reich-Ranicki einmal geschrieben, dass ihr großes Kunststück sei, „in und außer den Sachen" zu sein (Prokop 2007, 16). Auf die fankulturelle Praxis trifft das zumindest teilweise zu.

K-Dramen

Crash Landing on You: K-Dramen als populärkulturelle Märchen

Eines der erfolgreichsten K-Dramen der letzten Jahre war *Crash Landing on You* des südkoreanischen Fernsehsenders tvN, das im Dezember 2019 erstmalig ausgestrahlt wurde. K-Dramen nennt man koreanische Serien eines bestimmten Formats: Sie haben zwischen 12 und 24 Folgen und dauern zwischen 45 bis 70 Minuten. Während K-Dramen in Korea und benachbarten ostasiatischen Ländern im Fernsehen ausgestrahlt werden, sind sie im Rest der Welt über verschiedene Streaming-Dienste verfügbar.

Seit Februar 2020 gibt es *Crash Landing on You* auch auf Netflix und wurde dort während des Corona-Lockdowns zu einem weltweiten „Pandemie-Hit" (Kahn 2021). Besonders im benachbarten Japan entstand milieuübergreifend ein regelrechter Hype um das romantische

Drama, der im Januar 2021 in einer Ausstellung über die Serie in Tokio gipfelte (Kyodo News, 2021).

Crash Landing on You handelt von Yoon Se-ri, einer schönen und erfolgreichen Geschäftsführerin der nach ihr benannten Beauty-Marke „Se-ris-Welt" und frisch erkorenen Erbin eines südkoreanischen Chaebols (Familiengroßkonzerns). Sie wird als eine typische, starke und durchsetzungsfähige Karrierefrau eingeführt, für die der Job höchste Priorität hat, wohingegen Partnerschaft oder gar Familie eine untergeordnete Rolle spielen, weshalb sie von ihren Mitmenschen kritisch beäugt wird. Das Verhältnis zu ihren Geschwistern ist vom Konkurrenzkampf um die Erbschaft geprägt.

Beim Paragliding gerät sie eines Tages in einen tornadoartigen Sturm und stürzt überraschend in Nordkorea ab. Dort trifft sie auf den Grenzoffizier Ri Jeonghyeok – den einzigen Sohn des hochrangigen Leiters des Politbüros der Volksarmee –, der sie in einem Dorf in der demilitarisierten Zone versteckt hält und ihre Flucht zurück nach Südkorea plant. Damit begegnen sich zwei Personen, die angesichts politisch kaum zu überbrückender Differenzen, unterschiedlicher Sozialisierungen und Rollenmodelle eigentlich nichts miteinander anfangen können sollten – sich aber trotzdem verstehen. Die Armut des Landes und die Gesellschaft der Soldaten und Einwohner:innen des kleinen Grenzdorfes machen Se-ris bisherigen Lebensstandard überflüssig, stellen ihn aber nicht gänzlich infrage. Sie bleibt eine starke Frau, die weiß, was sie will, ihre Ziele im Blick behält, und die sich der neuen Situation trotz kleinerer und größerer Rückschläge hervorragend anzupassen weiß. Sie übersteht nächtliche Hausdurchsuchungen und diverse Stromausfälle (selbst während eines Dinners in der Hauptstadt Pjöngjang) mit relativer Gelassenheit und gewinnt sogar Gefallen an einigen Aspekten der nordkoreanischen Lebensart, dem einfachen Essen und den teilweise liebenswerten Menschen. Sie verliebt sich schließlich in Jeong-hyeok und er sich in sie, und beide begegnen sich zunehmend mit Aufmerksamkeit und Fürsorge – das ist das Herzthema der Serie. Jeong-hyeok ist als ehemaliger Pianist, der in einem Internat in der Schweiz studiert hat, eine feinsinnige Persönlichkeit, die er aber nicht offenlegen, geschweige denn ausleben kann, weil er nach dem Tod seines Bruders in dessen Fußstapfen als Soldat treten musste und an die Karriere seines Vaters anknüpfen soll.

Wie viele K-Dramen ist auch *Crash Landing on You* sozial- und gesellschaftskritisch, thematisiert die Herausforderungen einer sich in unglaublicher Geschwindigkeit modernisierenden südkoreanischen Gesellschaft, die daraus resultierenden extremen Klassenunterschiede, die gesellschaftliche und persönliche Entfremdung und darüber hinaus die Anspannung eines Landes, das immer kurz vor einer militärischen Konfrontation steht. Interessanterweise wird die kritische Auseinandersetzung mit Südkorea nicht zuletzt durch die Konfrontation mit Nordkorea entwickelt. Dabei fallen auch Gemeinsamkeiten ins Auge – insbesondere der jeweiligen (ausgesprochen korrupten) Oberschichten, freilich aber auch viele Unterschiede, die nicht ausschließlich zugunsten Südkoreas ausfallen – aber oft. Mit besonderem Augenzwinkern werden beispielsweise die Überwachungstechnologien der beiden Länder gegenübergestellt: Während diese in Nordkorea stets zu Lasten des Ausspionierten instrumentalisiert werden, nutzen die südkoreanischen Behörden diese zugunsten der durch die unzähligen öffentlichen Kameras Erfassten. Als Jeong-hyeok in Südkorea nach Se-ri sucht, werden sie dort von Vertretern beider Länder ausgespäht. Nordkorea plant, Jeong-hyeoks Familie mit dem dort aufgenommenen Filmmaterial zu zerstören, die

Südkoreaner:innen freuen sich hingegen über den höflichen Mann, dem man im Überwachungsvideo eines Einkaufszentrums dabei zusehen kann, wie er Älteren und Schwangeren die Tür aufhält. Sie bieten ihm sogar an, direkt im Land zu bleiben.

Jeong-hyeoks Aussehen und sein Verhalten (und das ist wiederum typisch für männliche K-Drama-Stars) erinnern westliche Zuschauer:innen an das klassizistische Ideal der „edlen Einfalt und stillen Größe": Bei aller Leidenschaft gelingt ihm stets Zurückhaltung, trotz seiner sensiblen Persönlichkeit hat er etwas Stoisches. Das wird im für K-Dramen üblichen Format von durchschnittlich 60 bis 90 Minuten pro Folge ausgiebig entfaltet wird. Die Länge entsteht dabei seltener durch entsprechend aufwendige Handlungen als vielmehr durch lange Kameraeinstellungen auf die Hauptdarsteller:innen, ihre Blicke, ihre Bewegungen, ihre subtile Kommunikation untereinander. Dadurch gelingt es, das Bild einer tiefen, ehrlichen, romantischen Beziehung zwischen einem Mann und einer Frau entstehen zu lassen, was ebenfalls charakteristisch für das Genre ist. Oftmals gibt es neben dem Hauptpaar ein Nebenpaar, das in zweifacher Hinsicht zweitrangig ist – für die Serie, aber meistens auch für die Hauptdarsteller:innen. Denn meist sind es ihre Verflossenen, die das Nebenpaar bilden.

Auch hierzulande ist die Serie anschlussfähig, wird man bei dem Konflikt zwischen Nord- und Südkorea als einem Konflikt zwischen Ost und West, Kommunismus und Kapitalismus doch unweigerlich an das einst geteilte Deutschland erinnert (obwohl die Lage eine andere ist). Besonders die Darstellungen von Nordkorea sind erstaunlich verwandt mit denen der DDR. Eine Geschichte in der Geschichte handelt etwa von einem Mitglied der Staatssicherheit, das beauftragt wurde, Jeong-hyeok und Se-ri auszuspionieren, und darüber in eine ähnliche Verzweiflung gerät wie Hauptmann Gert Wiesler in Florian Henckel von Donnersmarcks *Das Leben der Anderen*. Nun eignet sich ein solch geteiltes Land, dessen Grenze unüberwindbar ist, hervorragend als Kulisse für eine märchenhafte Erzählung. Denn als solche kann *Crash Landing on You* – und können darüber hinaus K-Dramen im Allgemeinen – beschrieben werden.

Viele K-Dramen sind populärkulturelle Märchen, die entsprechend auf tradierte Quellen zurückgehen: früher Radiodramen, heute insbesondere Webcomics, aber auch Serien aus anderen Ländern – v. a. den USA und Japan –, die neu interpretiert werden. Sie betonen zwar konfuzianische Tugenden und bedienen sich dementsprechend aus einem Katalog traditioneller Motive, mindestens genauso aber auch aus modernen populärkulturellen Plots und Themen sowie Handlungsweisen und Gesten. In der starken Betonung von Mitmenschlichkeit, Gerechtigkeit, Respekt und Höflichkeit besitzen sie außerdem eine für Märchen typische Ahistorizität. In vielen K-Dramen können die Protagonisten eindeutig ‚dem Guten‘ oder ‚dem Bösen‘ zugeordnet werden, in deutlichem Unterschied zu westlichen Gegenwarts-Dramen, die sich meist durch extreme Ambivalenz auszeichnen. Die für das Drama-Genre typische initiale Lebenskrise der Figuren führt meist nicht zu einer schillernden, doppeldeutigen und erst recht nicht widersprüchlichen Gestaltung der jeweiligen Protagonist:innen, deren Handlung je nach Perspektive verschiedenartig bewertet werden kann. Die guten, verantwortungsbewussten, fürsorglichen, ehrbaren Held:innen verkörpern vielmehr ‚das Gute‘ an sich, vor allem im ethischen Sinn. Das Gute ist nicht relativierbar. Individuelle, familiäre und gesellschaftliche Verantwortung werden in nahezu allen K-Serien thematisiert – oft stellen sie Leitthemen dar.

In dem K-Drama *Pinocchio* (2014–2015) geht es um Journalismus und Verantwortung. Die Hauptfigur Choi In-ha hat das sogenannte „Pinocchio"-Syndrom, sie kann nicht lügen, woran die Frage geknüpft wird: Ist dies ein Vor- oder Nachteil, um den Beruf der Reporterin verantwortungsbewusst auszuüben? Sie wird mit „Vorteil" beantwortet. In *While you Were Sleeping* (2017) wird am Beispiel des Anwalts Lee Yoo-bum die Frage gestellt, ob es ethisch vertretbar ist, wissentlich einen Mörder zu vertreten – und angesichts dessen Serientätigkeit überhaupt verantwortbar. Sie wird natürlich verneint. Auch in *Crash Landing on You* wird angesichts diverser Korruptionsfälle in der nordkoreanischen Regierung und dem Militär die Frage nach dem moralisch guten, verantwortungsbewussten Handeln immer wieder in den Fokus genommen. Nahezu durchweg gilt, dass die Hauptfiguren die Intention verfolgen, im Sinne des Guten zu handeln; sie haben stets ein hohes Ethos, was ihnen auch wichtiger ist als Geld und Macht.

Um das dramaturgisch besonders hervorzuheben, liegt manchen Konflikten im K-Drama ein vermeintliches Fehlverhalten des Protagonisten zugrunde, was sein gutes Wesen äußerlich infrage stellt, obwohl er selbst als auch die Zuschauer:innen um dessen gute Intention wissen. Zum Beispiel wenn der nordkoreanische Chirurg Park Hoon in *Doctor Stranger* (2014) während einer geplanten Flucht nach Südkorea spontan und in großer Zeitnot seiner Geliebten Song Jae-hee die Leber ihres ohnehin lebensgefährlich verletzten Vaters implantiert (zudem auf dessen Anweisung hin), um sie vor dem Tod zu bewahren. Auf die (zumindest westlichen) Zuschauer wirkt das keinesfalls negativ, sondern so, als habe der Protagonist einen kühlen Kopf bewahrt, trotz aller Umstände noch abgewogen und sei fähig gewesen, eine Entscheidung zu fällen. Natürlich handelt es sich aus ethischer Sicht um eine ambivalente Situation: Welches Leben ist mehr wert? Das junge oder das alte? Wie eigennützig und egoistisch ist es, sich für das Leben der Geliebten zu entscheiden etc.

Das ist im Übrigen eine gewissenskonfliktreiche Situation, die etwa für ein an *Grey's Anatomy* geschultes Publikum keinesfalls überraschend oder unüblich ist, sondern sogar als medizinischer Alltag angesehen wird. Im märchenhaften K-Drama sieht das allerdings anders aus, was vor allem im weiteren Verlauf der Serie deutlich wird: Kein einziger Patient von Park Hoon kommt im stressigen Krankenhausalltag ums Leben, denn Hoon wird als ein realgewordener „Gott in Weiß" gezeigt. Durch Handauflegen spürt er direkt alle stets komplizierten und schwerwiegenden Krankheiten seiner Patienten. Vor diesem Hintergrund ist der Tod von Jae-hees Vater dann die schicksalhafte Ausnahme, dessen Funktion einzig darin besteht, Hoons Rolle als „der Gute" zu bedrohen, in die er sich im Verlauf der Serie wieder einfinden muss und die dadurch umso stärker zur Geltung kommt.

Auch das ist märchenhaft an den K-Dramen: Sie sind nicht nur standardisiert, sondern sollen auch Vorbilder liefern. Sie zeigen in aller Klarheit und Deutlichkeit, welches Verhalten erwünscht und von gesellschaftlichem Nutzen ist und welches abgelehnt wird. Zudem wird ein im Konfuzianismus angelegtes genealogisches und analogisches Denken erkennbar, das in der westlichen Welt nicht oder nicht mehr gleichermaßen vorzufinden ist – aber als Sehnsucht offenbar noch besteht, wie angesichts der globalen Popularität der Dramen zu vermuten ist.

In *Da Xue* („Das große Lernen"), einem der Bücher, die von dem Neokonfuzianer Zhu Xi während der Song-Dynastie im 12. Jahrhundert zur Grundlage des Konfuzianismus erklärt wurden, geht es unter anderem um Selbstkultivierung durch die Wahrung von Anstand und Sitte, denn: „Die Regulierung der Familie liegt in der Kultivierung der Person" (The Great Learning, übers. v. Muller 1992). Und: „Bevor Sie das Land regieren, müssen Sie zuerst Ihre Familie regieren" (ebd.). Verhält sich der Einzelne richtig, geht es der Familie gut, ist diese wiederum intakt, so ist es auch das Dorf, die Provinz, das Reich, der Kosmos: „Ein Mensch wird nicht als ein unabhängiges Individuum betrachtet, sondern besteht durch Beziehungen aus *hyŏlyŏn* (Blutsverwandtschaft), *chiyŏn* (Herkunft aus derselben Region) *hakyŏn* (Abschluss derselben Schule) als ein Mitglied verschiedener inoffizieller Gruppen" (Sung 2004, 22). Der Einzelne ist also nicht nur für sich selbst und für die Harmonie, Friedlichkeit und das Funktionieren der eigenen Familie und des engeren Bekanntenkreises verantwortlich, sondern, da alles miteinander zusammenhängt, auch für das große Ganze. Gibt es gesellschaftliche Probleme, muss jeder Einzelne an deren Behebung mitwirken. Mit welchen Herausforderungen diese Aufgabe verbunden ist, wo sie als Last und Zumutung beziehungsweise wo sie als glücksstiftend und heilbringend erfahren wird, zeigen K-Dramen in großer (teilweise didaktischer) Ausführlichkeit und mit viel Sorgfalt.

Aus dieser konfuzianischen Lebensart kristallisierte sich laut Sung Suk-hee eine koreanische Geisteshaltung heraus, die Beziehungen zwischen Menschen für wichtiger erachtet als alles andere (ebd.). Dass diese Annahme bis in die Gegenwart wirkt, wird in K-Dramen besonders anschaulich, stehen menschliche Beziehungen – wenn auch vor dem Hintergrund von Sozial- und Gesellschaftskritik – hier doch stets im Mittelpunkt. Die Serie *Something in the Rain* (2018) kann man zum Beispiel als eine Exegese menschlicher Beziehungen ansehen, die in sechzehn eineinhalbstündigen Episoden die verschiedenen Beziehungen von Jin-a, der Mitarbeiterin eines Franchise Kaffee-Unternehmens, regelrecht seziert. Detailgetreu wird ihre Liebesbeziehung zum jüngeren Bruder ihrer besten Freundin Joon-hee in ausgedehnten Szenen dargestellt, ebenso ihr Freundschaftsverhältnis, die Beziehung zu ihrer Familie und den Kolleg:innen. Am Ende entscheidet sie sich gegen ihn, da sie dem gesellschaftlichen Druck nicht standhielt. Dabei wird ihre Entscheidung als verständlich aufgezeigt und nicht als Schwäche verurteilt.

Das macht die Serie zu einem avancierten Unterfangen: Während die persönliche Priorisierung von Jin-a, sich den gesellschaftlichen und familiären Erwartungen zu ergeben, keinesfalls infrage gestellt wird, macht sie dennoch sichtbar, wie eine streng hierarchisch und patriarchal organisierte Gesellschaft zunehmend in die Kritik gerät. So handelt es sich um eine der bis dato wenigen Serien, die das durch Sexismus gegenüber Frauen geprägte Geschlechterverhältnis am Arbeitsplatz thematisiert.

Während die zunehmende Kritik als Resultat der Modernisierung und Globalisierung von südkoreanischer Populärkultur zu deuten ist, zeigt sich in den schicksalhaft-vorbestimmten Beziehungen der K-Drama-Protagonist:innen die große Traditionsgebundenheit: Sehr selten kommt ein Paar „frisch" zusammen, etwa indem es sich (wie häufig in US-amerikanischen Filmen und Serien) zufällig begegnet – im Supermarkt, auf einer Reise, bei einer Freizeitaktivität, über Bekannte. Ganz im Gegenteil: Zumeist gibt es eine bekannte oder unbekannte gemeinsame Vergangenheit, was wiederum den Glauben an eine „wahre Liebe" unterstützt, die deshalb „wahr" ist, weil die Beteiligten füreinander bestimmt sind.

In *Crash Landing on You* kommt im Verlauf der Serie beispielsweise heraus, dass Se-ri und Jeong-hyeok sich vor Jahren unwissentlich in der Schweiz trafen – und sich dabei gegenseitig das Leben retteten. Nam Hong-joo und Jung Jea-chan aus *While You Were Sleeping* begegneten sich als Kinder, da ihre beiden Väter am selben Tag durch einen

Soldaten ums Leben kamen und sie sich gegenseitig bei-standen. Als Erwachsene treffen sie sich schicksalhaft wieder und verlieben sich ineinander. In *Romance is a Bonus Book* (2019), *Our Beloved Sommer* (2021), *Doctor Stranger (Jahr)* oder *Something in the Rain (Jahr)* – um nur einige wenige zu nennen – liebten sich die Protagonisten schon in der Kindheit oder frühen Jugend, verloren sich eine Zeitlang aus den Augen und finden schließlich wieder zueinander. Dass damit immer auch ein Festhalten am Alten, Vergangenen zum Ausdruck gebracht wird (sei es positiv bewertet und im Sinne einer fürsorglichen Pflege, oder negativ im Sinne einer Angst vor Veränderung), thematisieren vor allem jüngere K-Drama-Produktionen immer häufiger.

Besonders die in vielerlei Hinsicht avancierte Serie *Itaewon Class* (2020) lässt einigermaßen selbstreflexiv sichtbar werden, wie gewohnheitsgemäß an Schicksals-beziehungen festgehalten wird – zuungunsten neuer eigentlich besser passender, aber von der Vergangen-heit losgelöster Partner. Hauptfigur der Serie ist Park Sae-ro-yi, der als Teenager durch einen wohlhabenden Klassenkameraden, zugleich Sohn des Gründers und CEOs des Lebensmittel-Chaebols Jangga Group, seinen herzzerreißend liebevollen und unterstützenden Vater verliert – und nicht nur das: weil er dessen Mörder gewaltsam konfrontiert, auch noch inhaftiert wird. Im Gefängnis plant er seinen Rachefeldzug gegen die Jangga Group und ihren CEO, die er mit einem eigenen Unter-nehmen überbieten will. Ein wichtiger Bestandteil seiner Vergangenheit ist seine ehemalige Klassenkameradin Oh Soo-ah, die wegen der gemeinsamen Kindheit seine lebende Verbindung zum verstorbenen Vater ist. Als Sae-ro-yi seinen Racheplan in die Tat umzusetzen beginnt, indem er das Lokal „Danbam" eröffnet, trifft er Soo-ah wieder. Die beiden versuchen, ihre alte Liebe neu zu entdecken. Das missfällt der Managerin des Danbam Jo

Yi-seo, einer Influencerin, die sich nur deshalb anstellen ließ, weil sie sich in Sae-ro-yi verliebt hat (und von ihm dasselbe vermutet) und fortan alles daran setzt, mit ihm zusammenzukommen. Bis zur vorletzten Folge der Serie hält Sae-ro-yi an Soo-ah fest (obwohl sich diese nicht als gute, d. h. moralisch adäquate Partnerin erweist) und weigert sich geradezu, Gefühle für Yi-seo zuzulassen. Fünfzehn qualvolle Folgen über scheint es so, als entscheide sich Sae-ro-yi gegen die neue Partnerin, schlicht „weil es sich so gehört" (für ein K-Drama). Und so ist es am Ende eine große Verwunderung und freudige Überraschung, dass sich Sae-ro-yi für Yi-seo entscheidet, nachdem sie unzählige Male mit ihren Verführungsversuchen gescheitert war. Gleichzeitig empfinden (zumindest nordamerikanisch-europäisch sozialisierte) Betrachter:innen auch Erleichterung: Dass Sae-ro-yi sich endlich von seiner Vergangenheit befreien kann, dass ein Hauptcharakter in einem K-Drama sich gegen seine vermeintliche Schicksalsbeziehung und für eine neue Liebe entscheidet – und damit zugleich das Genre mit einem gekonnten Konventionsbruch herausfordert.

Ähnlich wie K-Popmusik sind auch K-Dramen hochgradig standardisiert, wobei regelmäßige kleinere Abweichungen zur Bestätigung der Norm dienen. Das gilt nicht nur für Storytelling-Elemente, sondern auch für zahlreiche kleinere Handlungen, Gesten oder Motive: Angehende Liebespaare teilen sich nach anfänglicher Skepsis einen Regenschirm, die Überbetonung des ersten Schnees als symbolträchtige Ankündigung einer glücklichen Liebesbeziehung, das neckende Stupsen an die Stirn, das tröstende Klopfen auf den Rücken oder Streicheln über den Kopf, die sogenannten „Wrist Grabs": wenn eine sich abwendende Person davon abgehalten wird, zu gehen, indem man sie am Handgelenk greift, die Close-Up-Szene auf das Sich-auf-die-Zehenspitzen-Stellen beim ersten

Kuss, und so weiter und so fort. Gerade die Erwartbarkeit solcher Szenen und Motive machen einen Großteil der Freude an den K-Dramen aus, sie machen selbst das Fremde zu etwas Vertrautem.

Dabei ist das Überraschende – die Abwechslung – Teil der Erwartbarkeit. Das gilt besonders für die dargestellten Emotionen, die das Kernelement eines jeden K-Dramas sind. Der besondere Reiz von K-Dramen besteht im Mitfühlen. Wie beim Englischen Landschaftsgarten, der beim Durchschreiten unterschiedliche und abwechslungsreiche Eindrücke ermöglichen soll, vergeht fast keine Episode, in der Zuschauende nicht verschiedenste und teilweise gegensätzliche Emotionen durchlaufen. Ein gutes, also emotional intensives K-Drama ermöglicht es, dass man nacheinander lachen und weinen, mitfühlend und wütend, erschrocken und gelangweilt sein kann.

Geschichte der K-Dramen

Frühe südkoreanische Fernsehdramen in den 1950er Jahren waren weitgehend von ausländischen, meist US-amerikanischen Produktionen beeinflusst und wurden – ab den 1960er Jahren auch in serieller Form – zunächst für die amerikanische Militärbevölkerung auf einem eigenen Kanal (AFKN – „Armed Forces Network Yongsan") ausgestrahlt. Die koreanische Bevölkerung konsumierte zu dieser Zeit vor allem Radiodramen (die stilistisch als Vorläufer gelten), nicht zuletzt, da Fernsehgeräte höchstens in großen Hotels verfügbar waren – und nicht im Privatbesitz (Sanggyoung 2019, 5). Obwohl die Amerikaner im Anschluss an die Befreiung von der 35-jährigen japanischen Kolonialherrschaft zum Ende des zweiten Weltkrieges 1945 nur drei Jahre regierten, wirken ihre Einflüsse bis heute stark in allen Bereichen des südkoreanischen Lebens nach (Sung 2004, 51). In den 1970er und 1980er Jahren bekam der weiterhin bestehende US-Militärfernsehsender ein wachsendes „Schattenpublikum" von jungen Koreaner:innen. Für sie war es eine alternative Medienkultur, die sich hinreichend zu der des repressiven Park- und Chun-Regimes unterschied. AFKN brachte Hollywood- und andere kommerzielle Genrefilme nach Korea, die unweigerlich im Nachhinein auf die regionalen Produktionen Einfluss nahmen (Klein 2012, 19–33).

Die ersten drei Fernsehprogramme waren das staatliche Korea Broadcasting System (KBS), das Ende 1961 als erster Sender Südkoreas den Betrieb aufnahm, sowie die beiden privat-kommerziell betriebenen Sender Tongyang Broadcasting Corporation (TBC) und Munhwa Broadcasting Corporation (MBC), die 1965 und 1969 auf Sendung gingen. KBS wurde zuerst durch Zuschauergebühren und staatliche Zuschüsse finanziert, führte dann aber wegen unzureichender Einnahmen ab 1963 Werbung zur Finanzierung ein. Das wiederum bewirkte eine rasante Zunahme von Unterhaltungsprogrammen. Zwei Produktionen, *Episodes from Real Stories* (1964–1985) und *Episodes of Ilyo-Yuho* (1965–1970), waren die ersten, die im Serienformat gestaltet waren.

Episodes from Real Stories wurde von Kim Tonghyon geschrieben, einem Beamten des südkoreanischen Geheimdienstes Korean Central Intelligence Agency (KCIA) – dem Vorgänger des National Intelligence Service Südkorea. Die Serie war *true crime*, enthielt echte KCIA-Geschichten von Spionen und Soldaten und diente überwiegend der Bildung und Verbreitung antikommunistischer Ideologien (Lee, S. 2019, 7). Sowohl die staatlichen als auch die privaten Sender von Hörfunk und Fernsehen standen unter starker Kontrolle des Militärregimes des diktatorischen Präsidenten Park Chung-hee (Sung 2004, 72).

In den 1970er Jahren begann sich das serielle Fernsehdrama zu einem eigenen Genre zu entwickeln. Tägliche
Serien und Wochenendserien zogen in die Primetime
ein, wobei viele TV-Dramen an die ihnen voraus-
gehenden Radiodramen angelehnt waren oder diese
sogar schlichtweg kopierten. Auch die Mitarbeiter:innen
aus dem Radio wurden für das Fernsehen rekrutiert und
betätigten sich zeitweise parallel als Sprecher:innen und
Schauspieler:innen. Gemessen an der Zahl der Fernsehdramen und der Anzahl der Episoden waren die
1970er Jahre das unübertroffene goldene Jahrzehnt in
der Geschichte der südkoreanischen Fernsehdramen,
flankiert von den zwei lang laufenden Dramen *Chief Police
Investigator* (1971–89), über Kriminalität in den Straßen
von Seoul, und *Countryside Diary* (1980–2002) über die
Modernisierung und Verstädterung einer Bauernfamilie
und ihrer Nachbar:innen.

Die Fernsehdramen der 1970er Jahre waren länger als
die der 1960er, und das Serienformat führte dazu, dass
sich die Zuschauer:innen stärker mit den Charakteren
und der Handlung identifizierten als bei Miniserien.
Sie fühlten sich mit den Figuren und ihren Geschichten
verbunden, was trotz negativer Kritik seitens einiger
Intellektueller zu einer enormen Popularisierung führte:
„Die Fernsehkritiker waren entsetzt über die Überbetonung der Emotionen in diesen Fernsehdramen, aber
das Publikum liebte sie" (Lee 2019, 8).

Da sowohl die Technologie als auch deren Finanzierung
begrenzt waren, konnten die Sender keine ressourcen-
intensiven Serien produzieren, weshalb viele amerikanische
und andere ausländische Serien importiert wurden.
Dieser Import wurde während der 1970er Jahre unter
Park ebenfalls streng geregelt (ebd.). Erst nach der
Ermordung des diktatorischen Präsidenten am 26.10.1979
erlebte die Presse eine kurze liberale Zeit, bis General

Chun Doo-hwan mit Unterstützung des Militärs im Mai 1980 die Regierung übernahm (Sung 2004, 72). Noch im selben Jahr wurde TBC von der Chun-Regierung vorübergehend abgeschaltet, um den Sendebetrieb für die politischen Ziele der Regierung zu reformieren. Chuns Regime wendete alle erdenklichen Maßnahmen an, um die Medien zu kontrollieren: Regimekritische Journalist:innen und Medienmacher:innen wurden entlassen – insgesamt 913 Mitarbeiter:innen in „der sogenannten ‚größten Säuberungsaktion' in der koreanischen Mediengeschichte" (ebd., 73). Die Medieninstitutionen wurden umstrukturiert und durch neue Gesetze verfestigt. Auf einzelne Akteure wurden Terroranschläge verübt. Im Januar 1981 richtete die Regierung im Ministerium für Kultur und Information das „Büro für Öffentlichkeitsarbeit" ein, dessen Aufgabe darin bestand, monatlich Anweisungshefte zur „Informationsplanung" und „Volkserziehung" zu verteilen (ebd., 77). Das Fernsehdrama wurde ein Instrument zur Disziplinierung der Bevölkerung. Die boomenden TV-Dramen wichen nur selten davon ab, ein stark kontrolliertes öffentliches Mittel zur Freizeitgestaltung unter der Zensur durch die Regierung zu sein (während die Vertreter:innen der Presse in den 1980er Jahren zunehmend widerständig wurden). Es gab also wenig Grund für die Regierung, sich von den Fernsehdramen beunruhigen zu lassen (Lee 2019, 10).

So blieb der Antikommunismus in den 1980er Jahren eine nie versiegende Quelle für TV-Dramen: Die Regierung förderte weiterhin die politisch notwendige Bigotterie gegen Nordkorea, daneben wurde auch die wirtschaftliche Entwicklung intensiv propagiert, da Südkorea sich dem Aufstieg aus dem Zustand eines Entwicklungslandes verschrieben hatte. Stadt- und Familiendramen erlebten in dieser Zeit ihren Höhepunkt, wobei meist das bescheidene Leben einer Familie in einer städtischen Gegend und Interaktionen mit Nachbar:innen gezeigt wurden. Die in partnerschaftlicher Romantik und familiären Beziehungen ausgedrückten Emotionen – wie sie noch heute für K-Dramen üblich sind – schufen vertrauenswürdige Figuren, die den Zuschauer:innen durch Einfühlung in die Charaktere Modelle zur Findung ihrer sozialen Rolle und Funktion geben sollten. Die Heimatdramen der damaligen Zeit betonten diese sozialen Beziehungen, indem sie die Nachbarschaft einer Familie in die Geschichten einschlossen, während die heutigen sich stärker auf die Kernfamilie konzentrieren (ebd.). Bis 1987 war die Politik also der Haupteinflussfaktor auf die Medien. Das änderte sich mit dem Juni-Aufstand 1987, als Chun Doo-hwan zur Staatsreform und der Abhaltung freier Wahlen gezwungen und schließlich Roh Tae-woo zum neuen Präsidenten ernannt wurde. Damit führte die Demokratiebewegung aus der Bevölkerung heraus zu einer Wende in der Geschichte der südkoreanischen Medien: Die Pressefreiheit wurde gewährleistet, und die Politik verlor ihre Bedeutung als entscheidendster Einflussfaktor.

Nach Gründung der Rundfunk- und Fernsehanstalt Seoul Broadcasting System (SBS) im Jahr 1991 und der Entwicklung von Kabelfernsehnetzen wurden K-Dramen zu einem marktfähigen Produkt. *Eyes of Dawn* (1991–1992) war das erste Blockbuster-Drama in Südkorea. Die auf dem gleichnamigen zehnbändigen, 1981 veröffentlichten Roman von Kim Seong-jong basierende Serie ist ein Weltkriegsdrama, in dem junge Koreaner:innen in den Strudel der turbulenten Geschichte geraten. Sie umfasst die Jahre der japanischen Kolonialzeit, den Zweiten Weltkrieg bis hin zur Befreiung Koreas und den Koreakrieg.

Die staatliche Zensur wich in den 1990er Jahren einer deutlich indirekteren Einflussnahme auf die Produktion, die in der Ermutigung und aktiven Unterstützung durch die Regierung bestand, deren Anliegen nun die

Exportfähigkeiten betrafen. Die Regierung wurde sich des wirtschaftlichen und kulturellen Werts des Drama-Exports bewusst und sah darin eine vielversprechende Industrie, die enorme staatliche Unterstützung erhielt. Zunehmend wurden Fernsehserien nach China, Hongkong, Taiwan und Japan ausgeführt, was – wie bereits geschildert – zum Auslöser der ersten koreanischen Welle wurde. Zeitgenössische romantische Dramen wurden regelrechte Hits, allen voran die den Yonsama-Wahn auslösende *Winter Sonata*, gefolgt von *Secret Garden* (2010), *My Love from the Star* (2013), *Descendants of the Sun* (2016) oder jüngst *Squid Game* (2021).

Mittlerweile werden TV-Produktionen durch die 2008 gegründete Korea Communications Commission beaufsichtigt, und bis heute ist noch sicht- und spürbar, dass viele Dramen weiterhin auf den konfuzianistischen Tugenden basieren. Damit wird auch häufig ihr weltweiter Erfolg erklärt – vor allem in China, aber auch in islamischen Ländern wie dem Iran und Saudi Arabien (Korean Culture and Information Service South Korea 2016, 72, 73). Dort werden K-Dramen – anders als in den USA oder in Europa, wo man die Serien nur über das Netz beziehen kann – auch im Fernsehen und in der Primetime ausgestrahlt. Das liegt nicht nur an den dargestellten traditionellen Familienwerten und der patriarchalen Grundstruktur, sondern auch an der sexuellen Zurückhaltung. Auf so manch einen Kuss (der sich meist bereits in Folge 1 andeutet), muss man bis zu 15 Folgen warten. Sexszenen kommen selten vor. Das macht sie für ein muslimisches Publikum frei konsumierbar. Auf das hiesige Publikum mag die allgemeine körperliche Distanz und Diskretion im zwischenmenschlichen Umgang befremdlich wirken. Eine Umarmung zur Begrüßung wird in *While you Were Sleeping* zum Beispiel ironisch „American Style" genannt. Sie ist aber mit einer starken Spannung verbunden, da Mimik und Gestik der Protagonist:innen durchaus sexuell aufgeladen sind und man unter permanenter Anspannung auf die Entladung wartet.

Durch koreanische Eigenproduktionen, finanziert von internationalen Streamingdiensten wie Netflix, die der KCC nicht unterliegen, werden jedoch bereits neue Trends und eine Loslösung der bislang starken Konzentration auf traditionsgerechte Darstellungsweisen sichtbar. Sie wirken sich auch auf die Inlandsproduktionen aus. In *Nevertheless* (2021) dreht sich sogar fast alles um die sexuelle Beziehung der Protagonist:innen, in *Somebody* (2022) werden die einst so trennscharfen Antagonismen des Guten und Bösen aufgelöst, und Serien mit nicht-normativen und homosexuellen Beziehungen sind kein absolutes Tabuthema mehr. *Love to Hate You* (2023) ist sogar ein feministisches Drama par excellence, führt es doch beide Hauptcharaktere gleichermaßen als Opfer des patriarchalen Systems vor Augen.

Zwischen Traditionsgebundenheit und Progressivität

Der international am meisten besprochene Film *Parasite* (2019) und die international am meisten besprochene Serie, *Squid Game* (2021), haben deutlich werden lassen, dass soziale Ungerechtigkeit ein die südkoreanischen Film- und Serienproduktionen beherrschendes Thema ist. 2022 war erneut ein solches Sozialdrama in den deutschen Top Ten von Netflix: *The Glory*. Darin geht es um eine junge Frau, die in ihrer Schulzeit aufgrund ihrer sozialen Klasse schikaniert und misshandelt wurde und nun Rache aus-übt. Die eigentlich so moderne, kapitalistische, vermeint-lich chancengleiche Gegenwart von Moon Dong-eun wird, wie in unzähligen weiteren südkoreanischen Rache-Dramen, als archaisch entlarvt. Die Rache wird nicht als Verstoß gegen geltendes Recht empfunden, sondern als gerechtfertigtes Mittel zur Wiederherstellung des sozialen Friedens. Während Klassismus also aufgrund der schnellen Industrialisierung und den damit verbundenen extremen sozialen Unterschieden ein nahezu allgegenwärtiges Thema ist, erscheinen aus westlicher Perspektive die Thematisierung von Rassismus oder die explizite Infragestellung patriarchaler Grundstrukturen weitgehend ausgespart – auch wenn beispielsweise Sexismus am Arbeitsplatz bereits einige Male Thema geworden ist, wie zum Beispiel in *Misaeng* (2014) oder *Something in the Rain*. Vielmehr wird im K-Drama häufig eine äußert homogene Gesellschaft gezeigt, die für das westlich geschulte Auge ungewohnt genormt anmutet – sowohl was das Aussehen als auch die Werte- und Normvorstellungen betrifft. Viele K-Dramen zeichnen sich also trotz der äußerlichen Modernisierung der südkoreanischen Gesellschaft bis heute durch eine hohe Traditionsgebundenheit aus. Gemäß den Prinzipien des Konfuzianismus sind alle menschlichen Belange in Staat und Familie streng hierarchisch, partriarchal und autoritär organisiert. Menschliche Beziehungen basieren auf einem Gehorsamkeits- und Kontrollverhältnis, wobei Frauen Männern gehorchen, Söhne Vätern, jüngere Brüder den älteren, Angestellte den Chefs. Das ist in den meisten Produktionen bis heute spürbar oder wird immer öfter auch eigens zum Thema.

Werden seit einigen Jahren und besonders durch Netflix, Amazon Prime und Co. Darstellungen von Diversität in US-amerikanischen und europäischen Produktionen forciert, wodurch zumindest ein beachtlicher Teil des westlichen Publikums mit einer Vielzahl möglicher menschlicher Beziehungen in verschiedenen Machtverhältnissen vertraut ist, wird in K-Dramen nur selten von den traditionellen Rollenmustern abgewichen. Gleichgeschlechtliche Liebe, Polygamie oder Transsexualität kommen nur in und als Ausnahmefälle vor. Bis in die 2010er Jahre haben diese Themen in K-Dramen kaum eine Rolle gespielt, und wenn, dann wurden sie entweder unzureichend dargestellt oder aber vehement abgelehnt. Eine Ausnahme war *Sad Temptation* (1999), eine Miniserie über einen unglücklich verheirateten Mann, der sich in einen jungen Angestellten verliebt. Aber wie der Titel des Dramas schon andeutet, wird das Schwulsein eher als ein erbärmlicher Zustand dargestellt, der Mitleid verdient.

Die Filmwissenschaftler Basil Glynn and Jeongmee Kim sehen in der fehlenden Auseinandersetzung mit Themen wie Rassismus, Sexismus oder Homosexualität sogar ein gemeinsames Merkmal der *Hallyu*-Fernsehdrama-Exportformel. Bei dieser Exportformel geht es darum, Südkorea als ein unbedrohliches, zukunftsweisendes, modernes Land mit anständigen, konservativen Standards und Traditionen darzustellen, das kaum Veränderungen braucht (vgl. Glynn/Kim 2017, 333). *Hallyu*-Inhalte sollen als „sicher" und „anziehend" gelten, um bestenfalls „so wenig Menschen wie möglich zu beleidigen" (Rayner 2012, 12). Das trifft vor allem auf romantische K-Dramen zu, in denen wiederkehrende Bilder von gutaussehenden und außergewöhnlich gut gekleideten männlichen und weiblichen Protagonist:innen aufgerufen werden, die in schönen Wohnungen und malerischen Kulissen leben, die pflichtbewusste Söhne und Töchter haben – auf der Suche nach heterosexueller Liebe. Dass diese idealisierte und normierte Darstellung – wie es die Exportformel will – tatsächlich das Image Südkoreas im Ausland erheblich verbessert hat, dürfte all jenen, die bis hierher gelesen haben, deutlich geworden sein.

Aber es gibt natürlich auch innovative, politisch aufgeladene und kontroverse Dramen, in denen versucht wird, schwierige oder tabuisierte Themen zu behandeln oder weit verbreitete Einstellungen und Überzeugungen in der Gesellschaft zu kritisieren. Ein solches Drama ist das kühne und wirklich bahnbrechende *Life is Beautiful* (2010), das in Südkorea selbst heftige kritische Reaktionen ausgelöst hat. In 63 Episoden behandelt es das Thema Homosexualität, einschließlich der Vorurteile darüber. Wenig überraschend gab es wegen der Konfrontation mit so einem sensiblen Thema Schwierigkeiten bei der Vermarktung im „transnationalen imaginären Raum" Ostasiens (vgl. Khor/Kamano 2007, 3). In verschiedenen ostasiatischen Ländern leben Homosexuelle immer noch in einem Klima der Diskriminierung, Feindseligkeit und Ignoranz, in dem ihre Sexualität üblicherweise „unsichtbar", „versteckt" oder „zum Schweigen gebracht" wird (ebd. 3 f.).

Life is Beautiful war eine der ersten Serien – 2010! –, die das „zum Schweigen gebrachte" Thema der Homosexualität dramatisch in den Vordergrund rückte. Das geschah zudem nicht einfach nebenbei, sondern zu einem wichtigen Zeitpunkt, nämlich als Gesetze und Verordnungen ausgearbeitet wurden, die sich direkt auf die schwule Bevölkerung Südkoreas auswirken sollten. Inmitten einer intensiven öffentlichen Debatte im Jahr 2010 über die Akzeptanz von Homosexuellenrechten in der Gesellschaft und im öffentlichen Leben nahm das Drama eine klare gesellschaftspolitische Position ein. Nachdem der Menschenrechtsrat der Vereinten Nationen die offensichtliche Diskriminierung der schwulen Minderheit in Südkorea kritisiert hatte, begann die südkoreanische Regierung 2007 mit der Ausarbeitung eines Gesetzes zur Chancengleichheit. Im April 2010 meldete die Presse, dass das Justizministerium einen speziellen

Unterausschuss zur Erörterung des Gesetzes eingesetzt habe, woraufhin behauptet wurde, das Ministerium wolle die Verabschiedung des Gesetzes im November empfehlen. Dies stieß auf heftigen Widerstand, vor allem von christlichen Lobbyisten (in Südkorea bekennt sich rund ein Drittel der Bevölkerung zum Christentum), die sich gegen die Förderung der Homosexualität wandten, die das Gesetz ihrer Ansicht nach ermöglichte (Heo 2010). Angesichts des wachsenden Drucks aus der Bevölkerung zog das Ministerium seine Empfehlung im Januar 2011 zurück. Im Jahr 2013 wurde das Gesetz erneut dem Parlament vorgelegt, aber nach weiteren heftigen Reaktionen wieder zurückgezogen. Bis heute ist das Gesetz in Korea noch nicht verabschiedet worden. Eine gleichgeschlechtliche Ehe oder eingetragene Partnerschaft ist in Südkorea nicht erlaubt (vgl. Glynn/Kim 2017, 334).

Life is Beautiful zeigte inmitten dieser Ereignisse über mehrere Monate hinweg wöchentlich das Leben zweier berufstätiger, gutaussehender und gutherziger homosexueller Männer in einer liebevollen Beziehung. Diese schwulen Charaktere wurden in einem ansonsten traditionellen Familiendrama dargestellt, in dem die alltäglichen Schwierigkeiten eines südkoreanischen Haushalts im Mittelpunkt stehen, wobei der Schwerpunkt stets auf den zwischenmenschlichen Beziehungen und der Familiendynamik lag. Tae-sup, der älteste Sohn der Familie Yang, um die es in dem Drama geht, und Kyung-soo, sein Partner, sind konventionelle *Hallyu*-Hauptdarsteller: gutaussehende, hart arbeitende, modisch gekleidete, pflichtbewusste Söhne, die in professionellen Berufen arbeiten. Wie andere männliche Helden der *Hallyu*-Dramatik streben sie nach einer besseren Zukunft und finden eine dauerhafte romantische Liebe. Ungewöhnlich ist, dass die Serie nicht in einer Großstadt wie Seoul spielt (wo man am ehesten Progressivität erwarten würde), sondern auf der Insel Jeju, die seit langem das bekannteste Urlaubsziel des Landes ist. Im Drama dient sie als Zufluchtsort für die Hauptfiguren, die entweder davongelaufen sind oder ihr Leben auf dem koreanischen Festland nicht mehr leben können. Tae-sup studierte in Seoul, kehrte aber nach Jeju zurück, um Arzt zu werden, während sein Freund Kyung-soo eine Frau und ein Kind in Seoul hatte, bevor er sich nach seinem Coming-out und seiner Scheidung nach Jeju zurückzog – dem Ansehen seiner Familie zuliebe. Die Insel Jeju ist im Fall von Tae-sup und Kyung-soo auch insofern ein Zufluchtsort, als sie vom koreanischen Mainstream-Drama – das in vielen Fällen in Seoul spielt – vertrieben wurden (vgl. Glynn/Kim 2017, 335).

Im Drehbuch zu *Life is Beautiful* war ursprünglich vorgesehen, dass Tae-sup und Kyung-soo heiraten sollten, die Hochzeitsszene wurde sogar schon gedreht – in einer katholischen Kirche. Doch als die Kirche feststellte, dass in ihren Räumlichkeiten eine Homo-Ehe inszeniert wurde, zog sie ihre Genehmigung für die weitere Nutzung des Drehorts zurück. Der betreffende Sender verlangte daraufhin, die Hochzeit ganz aus dem Film zu streichen. Doch das war erst der Anfang. Am 29. September 2010 druckte *Chosun-ilbo*, Koreas meistverkaufte Tageszeitung, eine von einer rechtsgerichteten Aktivistengruppe geschaltete Anzeige unter der Überschrift „SBS wird die Verantwortung übernehmen, wenn mein Sohn, der schwul geworden ist, nachdem er *Life is Beautiful* gesehen hat, an AIDS stirbt" (Heo 2010).

Die südkoreanische Unterhaltungsindustrie hat sich also spät, langsam und nicht ohne Widerspruch an sogenannte BL-Dramen, kurz für „Boys' Love-Dramen", herangetastet. Und wie es für die debattenreiche Gegenwart üblich ist, werden die immer häufiger vorkommenden LGBTQ+-Charaktere auch aus der eigenen Community kritisiert: Viele BL-Serien würden von heterosexuellen Frauen geschrieben und konsumiert werden, die sich an Geschichten über schwule Männerbeziehungen erfreuen. Anderen ist die Darstellungsweise zu flach und ein-dimensional (Bhagchandani 2021).

bbuing bbuing: Niedlichkeit in der K-Popkultur

„Raise your voice to a ‚higher than normal‘ pitch. Including your hands will make you so much more adorable. Remember to wink, blink excessively (but not too excessively) and to make your eyes appear larger than usual. Speak baby-talk.“

(wikiHow)

Niedlichkeitsperformances zwischen Unterdrückung und Ermächtigung

Seit einiger Zeit gibt es bei Fotoshootings ein neues Wort für „Cheeeeese!“ Und dieses Wort lautet „Kimchiiiii!“ Gibt es einen besseren Beleg dafür, dass *Hallyu*wood das neue Hollywood ist? Wenn man sich umhört, seit wann man nicht mehr Cheese, sondern Kimchi sagt, lautet die Antwort „Wegen K-Pop und besonders wegen Selfies!“ Wegen der Selfies? Offenbar gilt die Formung des Mundes beim Wort *Kimchi* als niedlicher als bei *Cheese*.

© Der/die Autor(en), exklusiv lizenziert an Springer-Verlag GmbH, DE, ein Teil von Springer Nature 2023
A. Kohout, *K-Pop,* Essays zur Gegenwartsästhetik,
https://doi.org/10.1007/978-3-662-67577-9_6

121

Nun, so ganz unvorhergesehen ist diese Entwicklung wahrscheinlich nicht. Gesten wie das Fingerherz und andere mimische Akrobatik aus der südkoreanischen Popkultur haben sich längst durch die Sozialen Medien, durch Emojis, Filter und Reels in die digitale Alltagskultur der Welt geschlichen.

Hallyu wird also durchaus auch von etwas befördert, das man *Aegyo* nennt, eine spezifische Spielart von Niedlichkeit, die durch K-Pop große Bekanntheit erlangte und entsprechend kultiviert wurde. *Aegyo* drückt sich vor allem in bestimmten Verhaltensweisen, Mimiken und Gesten aus. Es gibt sogar einen regelrechten Kanon an Bewegungsabläufen: etwa die Verstärkung des Grinsens durch Handzeichen, das Formen von Herzen mit Fingern und/oder Armen, ironisches Aufstampfen mit den Füßen, kindliches Schmollen oder vertikales Klatschen. Es gibt aber auch vokale und sprachliche *Aegyo*-Ausdrucksformen wie zum Beispiel Flüstern, das Erhöhen der Stimme oder eine infantilisierte oder verkleinernde Wortwahl. Man denkt dabei zurecht an Szenen aus Comics, Manga und Animes. Oft werden beim *Aegyo* karikierende Effekte und Gesten nachempfunden, so erinnert zum Beispiel das einst von Lee Jong-suk in *High Kick 3* zur Perfektion gebrachte *bbuing bbuing* an ein stilisiertes kindliches Augenreiben, wie es aus japanischen Animes oder südkoreanischen Manhwas bekannt ist.

Aegyo bezeichnet also eine gespielte Niedlichkeit, „eine kalkulierte Performance" (Epstein/Turnbull 2014, 319). Ein solch süßes Schauspiel ist natürlich nicht nur in der südkoreanischen Alltags- und Popkultur zu finden, sondern auch in anderen ostasiatischen Ländern und in deutlich kleinerem Ausmaß auch in westlichen Kulturen. Dadurch ist *Aegyo* weltweit anschlussfähig. Wer kennt nicht die absichtlich weit nach vorne geschobene Unterlippe, mit der sich ein kindlicher Schmollmund formen lässt? Infantilisierende Gesten sind auch hierzulande keinesfalls unvertraut, auch wenn sie in Alltag und Popkultur weitaus seltener gebräuchlich sind. Das merkt man spätestens dann, wenn man das Verhalten zu benennen versucht und feststellt, dass es keine eigene äquivalente Bezeichnung zu *Aegyo* dafür gibt.

Das hat wohl auch damit zu tun, dass die Ästhetik des Niedlichen sexuell codiert und Ausdruck einer komplizierten Machtbeziehung zwischen den Geschlechtern ist: Niedlichkeit steht für eine Ästhetik des Kindlich-Mädchenhaften, weshalb noch immer vor allem Frauen das Attribut „süß" erhalten oder es sich selbst geben. Die Fremdzuschreibung hat häufig den Effekt, dass sie als klein, machtlos und unselbstständig markiert werden, worin sich das tradierte Rollenverhältnis bestätigt, in dem (schwache) Frauen als Objekte von (starken) Männersubjekten besessen, kontrolliert, patriarchal dominiert werden (Richard/Gunkel/Müller 2020, 19). In den USA und Westeuropa haben viele Feministinnen kritisiert, dass dies zudem zu einer Selbstinfantilisierung der Frauen geführt habe, in der sie zwar vermeintlich aus eigener Entscheidung und mit dem Ziel, ihrerseits Macht auszuüben (z. B. um ein bestimmtes Ziel zu erreichen), niedlich agieren (was wiederum dem *Aegyo* sehr ähnlich ist), am Ende aber dennoch die Asymmetrie des Machtverhältnisses aufrecht erhalten werde.

Das spiegelt sich in der westlichen Popkultur auch in diversen niedlichen Mädchentypen wie etwa dem „Süßen Mädel" des Wiener Fin de Siècle bis hin zum heute noch existierenden „Girl" wider. Man erinnere sich nur an die Spice Girls, die nichts Geringeres als damals vorherrschende Rollenbilder für junge Frauen repräsentieren sollten. Eine davon war Emma Bunton als sogenannte „Baby Spice". Sie trug häufig zwei Zöpfe, also eine typische Kinderfrisur, und weiße oder rosafarbene Kleider, die Unschuld bekunden sollten. Vor allem aber machte sie etwas, das dem südkoreanischen *Aegyo* sehr nahekommt: permanent performativ Niedlichkeit und Kindlichkeit zum Ausdruck bringen. Sie stellte sich mit leichten X-Beinen hin oder spielte verträumt mit einzelnen Haarsträhnen – Gesten, die für Unerfahrenheit und Unsicherheit stehen.

Auch Britney Spears verkörperte zu Beginn ihrer Karriere das niedliche Mädchen von nebenan und wurde zum Teil wie eine Spielzeugpuppe vermarktet, wenn ihr Sätze wie „I was born to make you happy" von meist männlichen Autoren in den Mund gelegt wurden. Dadurch kommt wiederum eine sexuelle Aufladung hinzu, die aber keinesfalls im Widerspruch zur Niedlichkeit steht. Sosehr dieses Rollenbild mit Kindlichkeit und Unschuld verbunden ist, so sehr beinhaltet es nämlich noch einen anderen Aspekt. So ist das Sprechen über Cuteness dominiert von dem Vorwurf, dass es manipulativ und verführerisch sei.

Dass solche Frauenfiguren der Popkultur unter dem Slogan „Girl Power" zudem als Feministinnen auftraten, hat hierzulande die Diagnose provoziert, dass ein solcher sogenannter Postfeminismus hinsichtlich der Geschlechterrollen eher ein „Backlash" sei – und nicht sehr progressiv. In diesem Zusammenhang hat die feministische Kulturtheoretikerin Angela McRobbie kritisiert: „Der Postfeminismus setzt den Feminismus für seine Zwecke ein, um ein ganzes Repertoire an neuen Inhalten zu propagieren, die allesamt suggerieren, letzterer habe seine Aufgabe erfüllt und werde nicht mehr benötigt, denn Gleichberechtigung sei längst erreicht" (McRobbie 2010, 16). Sie strahlten also aus: Da man sich selbst dazu entschied, klein, süß und sexy zu sein, sei das feministische Ziel erreicht.

Intellektuelle Feminist:innen und emanzipierte Personen mieden deshalb lange niedliche Performances, weil es als eine „Ästhetik der Machtlosigkeit" galt, als ein sich selbst entmächtigendes Verhalten (Ngai 2015, 24), auch wenn dieses selbstbestimmt und strategisch zum Einsatz gebracht wurde.

Aegyo: Südkoreanische Niedlichkeit

Nun lässt sich die beschriebene westliche Niedlichkeit nicht eins zu eins mit der südkoreanischen gleichsetzen, auch wenn man geneigt ist, das zu tun, und auch wenn es sicherlich Überschneidungen gibt. Das gilt auch für deren Bewertung.

Da vor der Demokratisierung 1987 in Südkorea die Meinungs- und Pressefreiheit unterdrückt wurde, konnten soziale Bewegungen erst relativ spät große Wirkung erzielen. Eine mit der westlichen nachindustriellen Frauenbewegung vergleichbare Dynamik entstand in den 1980er Jahren und im Zuge der Simin-Bewegung, die sich von der bis dahin dominanten Minjung-Bewegung unterschied (Hong 2005). Während Letztere zum Großteil aus Arbeiter:innen, Bäuer:innen und der armen Stadtbevölkerung bestand, „ein Konglomerat von Marxismus und Befreiungstheologie" war und „auf einen radikalen, gesamtgesellschaftlichen Wandel" abzielte, durch den die kapitalistische Entwicklung verhindert, die diktatorische Regierung abgelöst und die Wiedervereinigung von Nord- und Südkorea angestrebt werden sollte, kamen die Anhänger:innen der Simin-Bewegung vor allem aus der Mittelschicht. Es waren Angestellte, Selbstständige, Intellektuelle, Studierende und Hausfrauen, die eher eine „allmähliche Gesellschaftsreform" und die „Einflussnahme auf den staatlichen Bereich durch die Aktivierung der Zivilgesellschaft" anstrebten (ebd.). Die Simin-Bewegung befasste sich mit klassenübergreifenden Themen wie der

Eindämmung von Korruption, der Verwirklichung eines transparenten Marktprinzips, der Umwelt – und vor allem auch der Geschlechtergerechtigkeit.

Der Modernisierungsprozess hat in Südkorea bekanntlich erst spät und dann mit enormer Geschwindigkeit eingesetzt. Hinzu kommt, dass dessen ökonomischer, politischer und soziokultureller Fortschritt nicht gleichzeitig abläuft. So gibt es große Diskrepanzen zwischen der gesellschaftlichen, ökonomischen und politischen Entwicklung. Bis heute ist die Gesellschaft sehr hierarchisch geprägt, wobei Höflichkeit eine strukturierende Rolle spielt. Das ist auch in der Sprache verankert, die bis zu sieben verschiedene Höflichkeitsstufen kennt, welche je nach sozialem Status des Gesprächspartners zum Einsatz kommen. Es ist daher beispielsweise üblich, das Gegenüber nach der beruflichen Position oder dem Alter zu fragen, um die angemessene Verbkonjunktion beim Sprechen zu verwenden.

Aegyo gestaltet die geschlechtsspezifischen und klassengebundenen Machtdynamiken in Südkorea mit. Die gespielte Niedlichkeit wird nicht nur zwischen Familienmitgliedern, in Partnerschaften oder unter Freund:innen ausgeübt, sondern auch in weniger intimen Bereichen, etwa am Arbeitsplatz oder in zwanglosen Gesprächen mit Fremden. Gerade in öffentlichen Situationen und in beruflichen Beziehungen wird *Aegyo* häufig als soziale Fähigkeit und Karrierewerkzeug zum Einsatz gebracht. Und zwar meistens von jüngeren Frauen und infolge der mangelnden Gleichberechtigung. Indem sie sich künstlich verkleinern, stellen sie die vom Gegenüber erwartete Geschlechterhierarchie wieder her, die zum Beispiel durch eine gleichrangige Position innerhalb des Arbeitsplatzes gefährdet ist. Für Frauen ist *Aegyo* also eine der wenigen Möglichkeiten, effektiv mit Höhergestellten zu kommunizieren (Puzar/Hong 2018, 5).

Aegyo umfasst demnach nicht nur die beschriebenen Verhaltensmuster, sondern auch situative Kontexte. Das heißt, es bezieht sich genauso auf angemessene soziale Zeiten und Orte. *Aegyo* ist eine Norm und Ausdruck von sozialer Intelligenz. Man wendet es an, um etwas zu erbitten oder um Gefälligkeiten und Freundlichkeit einzufordern. Genauso wird es aber auch zum Einsatz gebracht, um soziale Verpflichtungen oder Forderungen sanft abzulehnen, indem man sich ihnen durch die Infantilisierung subtil entzieht. Die gespielte Niedlichkeit wird nicht nur als normal angesehen, sondern oft sogar als erforderlich. Sie kann in manchen Situationen etwas bewahren, das man in Südkorea „chemyon" nennt: das „soziale Gesicht". Man könnte vielleicht auch von Ansehen und Stolz sprechen. Für das Sozialleben spielt die Bewahrung des sozialen Gesichts eine große Rolle, was zur Folge hat, dass sowohl Forderungen als auch Ablehnungen in der Regel so artikuliert werden sollen, dass keine der Parteien peinlich berührt oder beschämt wird. *Aegyo* wird also oft durch das Bedürfnis ausgelöst, mögliche Unstimmigkeiten zu harmonisieren oder zwischenmenschliche Spannungen zu beseitigen. Es verwischt vorübergehend die Grenzen von ‚öffentlich' und ‚privat', täuscht dem Gegenüber Nähe vor. Wer *Aegyo* benutzt, kann sich zumindest teilweise von der Verantwortung befreien, das eigene soziale Gesicht und das der anderen zu bewahren, indem er:sie vorgibt, wie ein Kind zu sein – ein scheinbar sorgloses (wenn auch stark reglementiertes und abhängiges) Mitglied einer Gemeinschaft (ebd.).

Obwohl im K-Pop generell *Aegyo* performt wird, spielt es auch hier für Girlgroups eine etwas größere Rolle. Da die meisten K-Bands zunächst im ostasiatischen Raum vermarktet werden und in diesen Ländern Cuteness von jungen Frauen geradezu erwartet wird, affirmieren Girlgroups beim Start ihrer Karrieren oftmals das damit verbundene Konzept. Exemplarisch dafür ist der Hit *Gee* von der K-Pop Band Girls' Generation.

Nicht nur im Video und mithilfe von *Aegyo*-Gesten wird Schüchternheit und Unschuld zum Ausdruck gebracht, sondern auch im Liedtext. Darin wird die Geschichte eines jungen Mädchens erzählt, das sich zum ersten Mal verliebt: „Ich fühle mich so peinlich... Ich bin schüchtern... Ich kann dich nicht ansehen... Was soll ich tun? Was soll ich nur tun?... Ich bin eine Närrin... Ich kann nicht einmal etwas sagen... [...] Meine Augen sind geblendet [weil die Jungs so schön sind]... ich kann nicht atmen, weil ich zittere... mein zitterndes Herz..." usw. In diesen Aussagen transportieren sich zweifellos Unterwürfigkeit, Schüchternheit, Hilflosigkeit, Verletzlichkeit und Ohnmacht, denn das Mädchen ist völlig bewegungslos und unfähig zu reagieren. Außerdem wird durch die wiederholte Verwendung der Worte „Was soll ich tun", „zitternd" und „hilflose Närrin" eindeutig das Bild eines äußerst passiven und unterwürfigen Mädchens gezeichnet. Aber, das muss dazugesagt werden, all das ist *Aegyo* – also gespielt, kalkuliert – oder etwas positiver formuliert: kokett. Die Tatsache, dass südkoreanische Girlgroups es schaffen, eine globale Fan-Community mit *Aegyo* zu erobern, beweist, dass Niedlichkeit ihnen zu einer starken, erfolgreichen Waffe geworden ist.

Mittlerweile erfahren sie aber auch eine ähnliche Kritik, wie sie in US-Amerika und Westeuropa dem Popfeminismus gegenüber formuliert wurde: Die „wahre" Macht der Girlgroups liege darin, die eigene Machtlosigkeit aufrecht zu erhalten. Sie müssten sich unterwürfiger, dümmer und unwissender darstellen, als sie sind. Das würde die Kluft zwischen den Geschlechtern nicht überwinden, sondern sogar vergrößern. Die wachsende Macht der Girlgroups trage demnach nicht zur Gleichberechtigung bei, sondern erzeuge nur eine falsche Vorstellung davon (Epstein/Turnbull 2014, 314–337).

Die Kulturwissenschaftlerin Kyuwon Moon sieht im *Aegyo* letztlich nur eine Reproduktion des *Male Gaze*: Es „ist der Inbegriff der im partriarchalen Korea diskursiv konstruierten Geschlechterideologie. *Aegyo* ist tief in den kulturellen und moralischen Standards der Nation verwurzelt […]. [Es] ist ein Beispiel dafür, wie kulturelle Bedeutungsprozesse durch den männlichen Blick ein bestimmtes Bild von Frauen konstruieren und verbreiten" (Moon 2012). Es liegt deshalb nahe, dass *Aegyo* in der südkoreanischen Beauty-Industrie – im sogenannten ‚K-Beauty‘ –, ebenfalls eine große Rolle spielt und als Schönheitsideal fest darin verankert ist. Herzförmige Lippen, ein heller rosiger Teint und die sogenannte „*Aegyo* sal*"* – sozusagen süße puffige Augenringe – sind nur wenige unter vielen eingängigen Beauty-Markern.

Soft Masculinity und Queerbaiting

Wer sich ein bisschen mit K-Pop auskennt, wird wenig überrascht sein, dass die Mitglieder von BTS Meister im *Aegyo* sind. Im BTS-Wiki ist *Aegyo* ein eigenes Lemma und wird als „Engelsverhalten" definiert, außerdem fällt bei der Charakterisierung das Wort „Bescheidenheit". Im K-Pop, wo es üblich ist, dass auch männliche Idols sich *cute* geben, kommt eine weitere Funktion von gespielter Niedlichkeit zum Vorschein: Es dient ihnen dazu, auf eine bestimmte Weise mit ihren Fans zu kommunizieren. Durch *Aegyo* schaffen sie ein Näheverhältnis, ja eine Intimität, die den Fans auf anderen Ebenen verwehrt bleibt.

Noch nie wurde über das Aussehen von Männern so viel gesprochen und geschrieben wie bei K-Pop-Idols.

Sie gelten wahlweise als weich oder verweichlicht, weiblich oder verweiblicht, schön oder abstoßend. Ihre Niedlichkeit ist Teil dessen, was mittlerweile als „softe Maskulinität" bezeichnet wird (vgl. Sun, J. 2009). Es ist ein einflussreiches neues Männlichkeitsmodell, das in der Populärkultur der gesamten Region zu finden ist, weshalb die Kulturtheoretikerin Sun Jung von „pan-ostasiatischer" Maskulinität spricht. Was aber zeichnet diese aus? In visueller Hinsicht wird sie als eine Männlichkeit beschrieben, die für westliche Augen außergewöhnlich weiblich ist (vgl. Song 2016) – nicht nur weil männliche Idols durch aufwendige Schminke und Kostüme „mädchenhaft" aussehen, sondern sich durch *Aegyo* auch „mädchenhaft" verhalten. Softe Männer wirken aufmerksam und fürsorglich. Sie scheinen weniger aggressiv, übergriffig und sexuell dominant zu sein, sondern feingeistig und zurückhaltend. Man denke nur an die Boy-Band H.O.T. (Hi-five of Teenagers), die sich für ihre erste Single mit dem Titel *Candy* (1996) im Musikvideo als fröhliche, harmlose Teenager stilisieren: Inmitten von Aufnahmen der Bandmitglieder, die in dem Vergnügungspark Lotte World herumtollen, zeigen extreme Nahaufnahmen die jungenhaften, freundlichen Gesichter, während sie dem Mädchen ihrer Träume ewige Treue schwören. Die übergroßen Klamotten, die bis heute als Oversize-Mode elementarer Bestandteil von K-Fashion sind, lassen die Jungs noch kleiner und niedlicher wirken. Softe Männer sind nicht nur schön, sondern indem sie *Aegyo* machen, zeigen sie sich auch als liebenswert. Sie suggerieren Sensibilität und Verständnis, und Frauen werden im Spiegel dieses Männlichkeitsideals als Freundinnen und nicht notwendigerweise als Sexobjekte konstruiert (Louise 2012, 933).

Dieses im K-Pop vorherrschende Männerideal ist nicht neu, sondern knüpft an bestehende ostasiatische

Traditionen an: „Unter den Namen ‚Hwarang‘, der sich aus den chinesischen Schriftzeichen für Blume 花 und junger Mann 郎 zusammensetzt, waren jene Männer der Militäreinheiten in der Silla-Zeit (57 v. Chr. bis 935) bekannt, die in Philosophie, Instrumentalmusik, Gesang oder in anderen schöngeistigen Bereichen ausgebildet wurden" (Hinz 2019). Geprägt vom Schamanismus trugen sie Schminke – ihre Haut wurde strahlend weiß gepudert und roter Lidschatten aufgetragen – und wurden für ihr junges, weiches, makelloses Aussehen verehrt (Chor 2022). Doch die kulturellen Ikonen der soften Maskulinität sind größtenteils seit der Jahrtausendwende entstanden und fallen mit dem Aufkommen der Sozialen Medien und dem damit verbundenen globalen Erfolg von Idols zusammen, aber auch – und besonders im Hinblick auf die K-Pop-Industrie – mit der gestiegenen Kaufkraft von Frauen (Louise 201).

Aber *Aegyo* macht männliche Idols noch auf eine andere Weise anschlussfähig, insbesondere in der westlichen Rezeption. Gerade aus US-amerikanischer und westeuropäischer Perspektive repräsentieren die niedlichen Idols ein flexibleres und inklusiveres Männlichkeitsmodell, weshalb die Softe Maskulinität zurecht auch als Teil eines transkulturellen Hybridisierungsprozesses angesehen wird, in dem sich globale und traditionelle südkoreanische Männlichkeitsvorstellungen treffen (Anderson 2014).

So nehmen Fans die Softheit oder Feminität der männlichen Idols zum Anlass und Ausgangspunkt, um ihre eigene Queerness zu artikulieren. In deren Inszenierung erkennen sie offenbar eine Genderfluidität, die als solche in den Performances nicht angelegt ist (oder zumindest lange nicht explizit angelegt war), wie die Debatten über Homosexualität in Südkorea deutlich gemacht haben. Das wurde einmal mehr an der Reaktion auf Hollands erstes Musikvideo zu *Neverland* deutlich. Holland war einer der ersten offen schwulen Künstler in der K-Pop-Branche und wurde für viele LGBTQ+-Fans zum Vorbild. Sein Video, in dem er einen anderen Mann küsst, erhielt eine Altersfreigabe ab 19 Jahren. Es wurde als „für junge Zuschauer ungeeignet" eingestuft (Tizzard 2021).

Außerdem wird häufig übersehen, dass die Idols nie nur weich und niedlich sind, sondern gleichzeitig immer auch hart und muskulös. Diese Stärke wird durch kraftvolle Tanzbewegungen zum Ausdruck gebracht, die selbst unter locker sitzenden Oversizeshirts den gut trainierten Körper deutlich zur Geltung bringen. Obwohl ihre Gesichtszüge zart sein mögen, gibt die Bühnenperformance männlicher Idols keinen Raum für Zweifel hinsichtlich ihrer festen, definierten Körper und sportlichen Fähigkeiten. Sowohl die weiche, als auch die harte Seite wird in Musikvideos durch Kamerawechsel betont – zwischen weiten Aufnahmen, die die Athletik der Idols hervorheben, und Nahaufnahmen ihrer makellos geschminkten Gesichter, die Momente der Verletzlichkeit und der emotionalen Präsenz betonen. Viele „Flower Boys" sind gleichzeitig auch „Beast Boys" – so zwei geläufige Bezeichnungen für das vorherrschende Männerbild (Oh 2015, 63). Das verstärkt deren Ikonisierung: Denn wer kann schon Weiches und Hartes, jeweils in Idealform ausgeprägt, in sich vereinen?

K-Pop-Idols sind zu Ikonen der westlichen LGBTQ+-Communtiy geworden – allerdings ohne dies eigens anzustreben: „Die Annahme einer rein heterosexuellen Begehrensstruktur wird von den BTS-Fans […] öffentlich wirksam durchkreuzt" (Beregow 2019, 25). Die Literaturwissenschaftlerin Elena Beregow hat am Beispiel von BTS darauf hingewiesen, dass sie dafür im Westen nicht nur gefeiert, sondern auch angefeindet werden: „Dass sich Homophobie im Pop – scheinbar paradoxerweise – gegen Objekte heterosexuellen weiblichen Begehrens richtet, bekamen nahezu alle Boygroups der

Geschichte von den Beatles bis zu Tokio Hotel zu spüren. Doch das Männlichkeitsbild, das BTS verkörpern, erweist sich auch deshalb als eine solche Provokation, weil es sich freimütig-naiv, d. h. ohne kritische Absicht dem Konzept des *Kawaii* bedient" (ebd.). *Kawaii* nennt man die japanische Niedlichkeitskultur.

Da K-Pop ein Exportprodukt und eine „costumized Popkultur ist", also ohnehin Liedtexte, Musikvideos, Stylings etc. individuell und auf die Nachfrage angepasst werden, bleibt natürlich auch die starke Resonanz der LGBTQ+-Community nicht folgenlos für die Industrie. Trotz der in Südkorea noch längst nicht gesicherten Akzeptanz von Queerness und der noch immer stark patriarchalen und hierarchischen Gesellschaft produzieren die *Entertainment Companies* zunehmend für die queere internationale Fanbase und lassen auch etablierte Idols die LGBTQ+-Community öffentlichkeitswirksam unterstützen.

Das erfolgt in einem Ausmaß, dass unter alteingesessenen K-Pop-Fans und kritischen Beobachter:innen wiederum von „Queerbaiting" die Rede ist. Queerbaiting meint, dass in Filmen oder Musikvideos oder anderen Inszenierungen sexuelle Zweideutigkeiten, zum Beispiel in intimen gleichgeschlechtlichen Freundschaften, angedeutet werden, ohne aber jemals die Nicht-Heterosexualität der betreffenden Figuren zu bestätigen. Das diene, so die Kritik, lediglich dazu, auch Zuschauer:innen anzusprechen, die an LGBTQ+-Erzählungen interessiert sind. Es handle sich dabei also um „einen Marketingtrick, den Prominente, Fernseh- und Filmautoren und -autorinnen anwenden, um ein LGBTQ+-Publikum anzusprechen, ohne dass das Hauptpublikum verschreckt wird, indem es sich nie vollständig zu einer queeren Sexualität bekennt", so Chelsea Ritschel (Tizzard 2019).

Man kann es aber auch – wie David Tizzard das gemacht hat – „Fanservice" nennen (ebd.). Eine Band, der mehrfach Queerbaiting nachgesagt wurde, ist Lionesses, die 2021 mit der bereits vielsagenden Single *Show Me Your Pride* debütierten – als erste offen queere Gruppe.

Wie bei vielen Fan-Communities gibt es auch unter der des K-Pop einen Großteil von Expert:innen, die sich diesen Entwicklungen und Mechanismen durchaus bewusst sind und keine Mühe scheuen, über gute und schlechte bzw. angemessene und unangemessene Repräsentationen nachzudenken und diese zu differenzieren (Jones 2021).

Es sollte aber nicht unerwähnt bleiben, dass ein Großteil der Infragestellungen der Absichten der Idols bzw. ihrer Companies in Bezug auf die Sexualität ebenfalls nicht aus Südkorea, sondern aus dem Ausland kommt. Themen wie kulturelle Aneignung und Queerbaiting werden vor allem durch die westliche Rezeption an ihr Entstehungsland herangetragen. Es sind tendenziell US-amerikanische Importe. Hier entstehen derzeit neue Dynamiken, die es lohnt, weiterhin im Blick zu behalten. Denn die westlichen Aneignungsformen wirken als genderfluide Stilmittel auf den K-Pop zurück. Man kann sich kaum vorstellen, dass die südkoreanische Gesellschaft davon völlig unberührt bleibt.

Und umgekehrt: Ostasiatische und besonders südkoreanische Phänomene wie das *Aegyo* prägen zunehmend auch die westliche Populär- und Alltagskultur. Nicht nur, was den Musikgeschmack oder filmische Konventionen betrifft – sondern mehr noch, was subtil darüber mitvermittelt wird, wie beispielsweise ein spezifisches Schönheitsideal.

All live young: K-Beauty

K-Beauty ist eine der auffälligsten visuellen Manifestationen der koreanischen Welle. Immer mehr Beauty-Influencer besprechen und zeigen auf Social-Media-Plattformen die über K-Pop vermittelten koreanischen Kosmetikprodukte und Schönheitsstandards. Südkorea ist inzwischen zum drittgrößten Kosmetikexporteur der Welt nach den USA und Frankreich aufgestiegen. So etablieren sich Schönheitsstandards wie die „gläserne Haut" und die „Zehn-Schritte-Schönheitsroutine" in der ganzen Welt. Was gerne auch als „der Korea-Glow" (Failing 2017) oder „K-Beauty-Glow" (Bruening, 2021) bezeichnet wird, ist mittlerweile auch in Westeuropa und in den USA zum begehrten Glanzeffekt geworden.

Wie Hollywood das „Strahlen" der Stars zu seinem Markenzeichen machte – einen starken, punktuellen, theatralischen Glanz, der einen regelrecht ins Auge „sticht" oder gar „blendet" –, ist mit *Hallyuwood* der Glow oder das Gläserne verbunden. Selbst wenn es auch beim Glow um Lichtführung und Aufmerksamkeit geht, unterscheidet er sich in vielerlei Hinsicht konzeptuell vom vormaligen Glamour-Strahlen. „Wichtig ist, mit schimmernden Cremes, Pudern und Ölen nur zart zu glowen und nicht wie ein Funkenmariechen zu glitzern" (Schöneck/Dreissigacker 2017). Das K-Beauty-Label Vely Vely nennt sein beliebtes Cushion-Make-up „Aura Glow". Während Glanz etwas ist, das gebändigt werden muss und die Haut auf eine abweisende Oberfläche reduziert, suggeriert der Glow Bescheidenheit; er ist etwas, das in den tieferen Hautschichten verborgen ist. Glow liegt nicht auf der Haut sondern strahlt aus ihr heraus. Das Freilegen vorhandener Strahlkraft ist dabei ein wichtiger Teil des

Glow-Narrativs und artikuliert sich nicht nur in Produkt-
typen wie beispielsweise Seren, Primer etc., die unter das
Make-Up aufgetragen werden, um anschließend durch
es hindurch zu schimmern (und somit gewissermaßen
eine mehrstufige Beauty-Routine, wie sie in der K-Beauty
üblich ist, notwendig machen), sondern auch in den
Techniken, mit denen der Effekt erzeugt werden kann.
Glow-Produkte werden tief in die Haut eingearbeitet,
massiert, geklopft. Der Glow ist demnach nicht nur einfach ein Look, kein glamouröses einmaliges Styling für
eine Party. Er ist universeller und grundsätzlicher (Kohout
2023, 30–38). Das soll sich auch in zahlreichen Produkt-
beschreibungen widerspiegeln: espoir nennt einen Lippen-
stift „No Wear Glow", hince einen Lidschatten „True
Dimension Glow", Age 20's eine Foundation „Essence
Glow" und Jungsaemmool einen Highlighting-Stick
„Essential Tool Stick Glow".

Wenn von Glow oder „Glas Skin" die Rede ist,
bezieht sich das meist auf die Gesichtshaut. Dass sich die
Beauty-Industrie verstärkt auf das Gesicht konzentriert,
hängt wohl vor allem mit dessen Bedeutung in den
Sozialen Medien zusammen. Das Selfie ist zu einem der
wichtigsten Kommunikationsmedien geworden und die
damit verbundene Praxis ist zumindest in Großstädten
wie Seoul oder Busan allgegenwärtig. Es gibt kaum
Orte, an denen nicht Selfie-Spots oder „Photogenic
Spaces" eigens eingerichtet oder Spiegel platziert wurden,
kaum Momente, an denen nicht hier und dort jemand
oder eine Gruppe von Menschen stehenbleibt, um sich
selbst oder gegenseitig zu fotografieren. Die unzähligen
Straßenmusiker:innen haben teilweise mehrere Kameras
um sich herum platziert, um perfekte Aufnahmen für
ihre Social-Media-Accounts zu machen. Fotogenität oder

Instagramability gehört in einer technologisierten und digitalisierten Gesellschaft zur Grundvoraussetzung.

In Südkorea ist das Selfie nicht nur ein digitales Phänomen: Fast an jeder Ecke gibt es sogenannte Foto- oder Selfie-Studios, die zu einer der beliebtesten Freizeit-beschäftigungen vor allem jüngerer Südkoreaner:innen gehören (Hahn 2022). Dort gibt es Requisiten aller Art, mit denen man sich vor der Kamera in Szene setzen kann. Die dabei entstehenden Bilder werden ausgedruckt, man kann sie sich aber auch zuschicken lassen – genauso wie ein Video vom Aufenthalt in der Fotokabine. Schaut man sich diese Vorläufer der Handy-Selfies an, zeigen sich dort bereits sämtliche Paradoxien, die mit der K-Beauty verbunden sind, die aber gleichsam generell mit den Herausforderungen eines Daseins zwischen online und offline, einer Erscheinungsweise zwischen analog und digital zusammenhängen: „künstliche Natür-lichkeit, hypersexualisierte Niedlichkeit und kaleidosko-pische Harmonie" (Seo/Cruz/Fifita 2020). Es ist also nur allzu verständlich und notwendig, dass sich nicht mehr nur Idols, Stars und Prominente, sondern auch alle anderen, die am digitalen Leben teilhaben wollen, darüber Gedanken machen, wie sie auf Bildern aussehen. Wenig überraschend gibt es daher unzählige Skin-Filter, die den frisch anmutenden, rosigen Glimm-Effekt in Sekunden-schnelle auf jedes noch so müde, fahle oder ältere Gesicht zaubern. Dass in der südkoreanischen Beauty-Industrie der Stellenwert der Hautpflege besonders hoch ist, hängt nämlich mit der (auch durch *Aegyo*) angestrebten Kind-lich- und Jugendlichkeit zusammen – vielleicht das wichtigste Element des herrschenden Schönheitsideals. Die größte Drogeriekette heißt „Olive Young", und sie leitet sich von der Aussprache ab, die wahlweise durch „Olive" Natürlichkeit und Gesundheit symbolisieren soll, oder aber durch „all live young" (so der Slogan des Labels) die Sehnsucht nach immerwährender Jugend.

Digitale Filter wurden zunächst entwickelt, um vom Druck zu entlasten, immer für ein Foto zur Verfügung stehen, bereit für das nächste spontane Selfie sein zu müssen. Sie sind hilfreiche Masken, mit denen man sich als ‚persona' in der Öffentlichkeit bewegen kann (Ullrich 2019). Mit ihnen sind aber auch neue ästhetische Standards und Trends entstanden, die auf das nicht-digitale Erscheinungsbild zurückwirken. Filtertrends, bei denen mit Lichtbrechungseffekten gearbeitet wird, lassen „Schlüsse auf die Spannung zwischen Schönheitstrends in der realen Welt und Filtertechnologie in der virtuellen Selbstrepräsentation zu", schreibt die Autorin Berit Glanz in ihrem Buch *Filter. Alltag in der erweiterten Realität* (Glanz 2023, 55/56).

Der Glow ist ein solcher Trend, der auf die enge Wechselwirkung von analoger und digitaler Erscheinungsweise zurückzuführen ist und sie gleichzeitig weiter forciert. Er basiert auf zahlreichen Beautyprodukten, deren Anwendung sich hervorragend in den Sozialen Medien inszenieren lässt, die aber oftmals nur bedingt wirken, sodass das angestrebte visuelle Ergebnis entweder mit digitalen Masken oder mit anderen (analogen) Hilfsmitteln erzeugt werden muss. So haben Filter in den Sozialen Medien einen Anstieg von kleineren Schönheitseingriffen bewirkt, wie die Verwendung von Botox und Hyaluronsäure zur minimalinvasiven Gestaltung des Gesichts, aber auch größere Beauty-OPs häufiger werden lassen. Dabei geht es darum, „den Körper in ein Bild zu verwandeln, noch bevor er als digitales Bild in die Öffentlichkeit der Sozialen Medien gepostet wird", schreibt Daniel Hornuff in seinem Buch *Krass! Beauty-OPs und Soziale Medien* (Hornuff 2021, 14).

In der Glow-Ästhetik fällt der Wunsch nach Natür-
lichkeit, Echtheit, Innerlichkeit auf seltsame Weise mit
dem Wunsch nach verfremdender, ,objektifizierender'
Gestaltung zusammen. Vor diesem Hintergrund kann
man die Glow-Ästhetik als eine Form der Avatarisierung
der nicht-digitalen Erscheinungsweise beschreiben. Zwar
wird häufiger mit natürlichen Glow-Looks geworben,
aber selbst diese haben durch das feine Schimmern einen
metallenen oder teilweise chrom-artigen Anstrich.

Der französische Philosoph Maurice Merleau-Ponty
hat 1945 in seiner zum Standardwerk gewordenen
Phänomenologie der Wahrnehmung die Darstellung von
Lichtreflexen auf Bildern und in Filmen kritisiert. Er
schreibt, diese seien immer nur „schlecht wiedergegeben,
da sie sich in Dinge verwandelt haben; wenn z. B. im Film
jemand mit einer Lampe in der Hand einen Keller betritt,
so sehen wir den Lichtstrahl nicht als ein das Dunkel
durchforschendes und die Gegenstände zur Erscheinung
bringendes immaterielles Sein, sondern er verfestigt sich
[…], das über die Wände gleitende Licht bringt nur
Flecken blendender Helle hervor" (Merleau-Ponty 1966,
359). Die Härte, die Grenzen, die fehlenden Unschärfen,
die fehlende Fluidität, mehr noch: das Fotografische –
genau davon grenzt sich die Glow-Ästhetik ab. Es geht
nicht mehr um die Erscheinung im Zweidimensionalen,
sondern um das, was man mittlerweile *Metaverse* nennt.
Glow wird deshalb auch nicht mit der noch bis vor
wenigen Jahren vorherrschenden (und vor allem mit
US-amerikanischen Prominenten wie Kim Kardashian
assoziierten) Contouring-Technik erzeugt, sondern mithilfe der sogenannten Strobing-Technik – die weitgehend
auf Schattierungen und damit starke Konturen verzichtet.
Es geht darum, eine lebendige Präsenz zu erzeugen. Die
Medientheoretikerin Dalia Barghouty hat in ihrem Essay
„Glow Aesthetics. Ubiquitous cameras are changing the

meaning of makeup" eine treffende Formulierung dafür gefunden: „Letztlich können diese Darstellungen von Glow in den Sozialen Medien in ihrem Übermaß als Ausdruck unserer eigenen Zeitlichkeit gesehen werden – unseres Gefühls der Gegenwärtigkeit, wenn das Licht unserer Bildschirme uns erfasst. Bilder, die die Verwendung von Textmarkern und Glow in den Vordergrund stellen, sind eine ästhetische Performance dessen, was der Medientheoretiker Mark B.N. Hansen als ‚verkörperte zeitliche Flüsse' bezeichnet: der Körper ist in seine Erfahrung der Gegenwart eingebunden" (Barghouty 2019). K-Beauty vermag diesen Effekt zu vermitteln: körperliche Präsenz und Gegenwärtigkeit im digitalen Raum.

„Wenn Frauen sich schminken, um nach draußen zu gehen, schminken sie nicht nur ihr Gesicht, sondern auch ihre Gedanken", schrieb der koreanische Schriftsteller Jeong Bi-seok in seinem Roman *Madame Freedom* 1954. Kosmetika sind ein grundlegender Bestandteil der Populärkultur und der Selbstdarstellung. Das gilt für Südkorea im Besonderen, wird der Haut doch nicht erst heute, sondern bereits traditionsbedingt große Bedeutung beigemessen. Bereits die Hwarang-Krieger des Silla-Königreichs (57 v. Chr. – 935 n. Chr.) waren berühmt für ihre jadeweiß gepuderte Haut und ihren roten Lidschatten. Mit der zunehmenden Einfuhr koreanischer Beauty-Produkte wie beispielsweise BB-Creams oder Cushions und nicht zuletzt über Filter wurde auch das Grundverständnis von Make-Up importiert: Das koreanische Wort für das Auftragen von Make-up ist *hwajang*. „hwa" bedeutet verwandeln oder verändern, und „jang" heißt schmücken. Wenn man über einen positiven Einfluss des K-Beauty-Imports spekulieren dürfte, dann wäre es vielleicht diese Grundannahme: Dass die Kraft der Kosmetika nicht in ihrer Fähigkeit liegt, das Gesicht zu verändern, sondern damit auch das Potential einhergeht, bestimmte Einstellungen zu Schönheit oder Geschlecht abzuwandeln (Choi, Y. 2022, 166). Neue Medienformate wie die zahlreichen performativen Transitionen auf TikTok, bei denen durch Montagetechniken Verwandlungen virtuos ins Bild gesetzt werden, können dieses Potential zusätzlich forcieren (vgl. Otto 2023).

Sosehr an koreanischer Skincare und Make-Up orientierte Filter und Looks dafür kritisiert wurden, die Hautfarbe aufzuhellen und damit nicht gerade inklusiv zu sein – in einer multikulturellen Gesellschaft, die verschiedene Formen der Inklusion stets erforderlich macht, ist das aber für viele unabdingbar –, gelang ihr andererseits außerhalb der eigenen Landesgrenzen, Genderfluidität einen Look zu geben. Im Glow, der mittlerweile durchaus von Menschen verschiedenster Couleur als Stilmittel verwendet wird, zeigt sich auch das Potential, dass Schönheit und Geschlecht so schillernd und uneindeutig sein können wie Lichtreflexe auf der Haut.

So unpolitisch und doch so politisch – eine Schlussbemerkung

Solche Entwicklungen, die aus westeuropäischer und US-amerikanischer Perspektive begrüßt oder sogar gezielt angeeignet und forciert werden, betrachten benachbarte Länder mit ausgeprägter Skepsis. Genderfluidität, die Infragestellung vorherrschender (Geschlechter-) Hierarchien, Individualität und Demokratisierung ist vor allem in China nicht gern gesehen.

Mit den Mächteverschiebungen der Großmachtpolitik nimmt auch K-Pop neue Funktionen ein. Wurde der Begriff *Hallyu* ursprünglich von chinesischen Medien geprägt, ja galt K-Pop einst als Wundermittel der Diplomatie, geht die chinesische Regierung seit 2016 und als Reaktion auf die Stationierung der US-amerikanischen THAAD-Batterie (Terminal High Altitude Area Defense) in Südkorea hart gegen kommerzielle Aktivitäten mit K-Pop-Inhalten vor. THAAD nennt sich das Abwehrsystem, das die USA als Reaktion auf Nordkoreas anhaltende Raketen-

© Der/die Autor(en), exklusiv lizenziert an Springer-Verlag Gmbh, DE, ein Teil von Springer Nature 2023
A. Kohout, *K-Pop,* Essays zur Gegenwartsästhetik,
https://doi.org/10.1007/978-3-662-67577-9_7

tests in Südkorea installieren ließ. Von China und Russland wurde die Stationierung des Systems scharf kritisiert, weil sie den Dialog über eine Verbesserung der Stabilität auf der koreanischen Halbinsel gefährde. Vor allem aber, da sie befürchten, dies komme letztlich als geopolitisches Instrument zum Einsatz, das sich gegen ihre Interessen richtet. So ermögliche es der hochentwickelte Radar, Chinas militärische Aktivitäten sehr genau zu überwachen (Escher 2017). Peking reagierte darauf mit einer Reihe wirtschaftlicher Sanktionen, um Südkorea zu bestrafen. Der Tourismus brach um etwa 40% ein, und die Konsumgüter und Kulturprodukte des Landes – insbesondere K-Pop – wurden in China boykottiert. Bereits mit dem Aufschwung des K-Pop in China gingen mehrere Anti-Hallyu-Bewegungen einher (Chen 2017, 381), die mit der Angst zu tun hatten, dass durch südkoreanische Kulturprodukte – wenn auch verdeckt – westliche Werte und Lebensstile importiert würden. Doch der Ausbruch des diplomatischen Streits gegen die Stationierung des Raketensystems – für China ein weiterer Beleg für die Allianz mit dem Westen – verstärkte die aggressive Stimmung gegenüber dem K-Pop noch.

Die von der (westlichen) LGBTQ+-Bewegung so geschätzte Niedlichkeit und Weiblichkeit – gerade von männlichen Idols – wird von chinesischen Staatsmedien regelmäßig verurteilt, Bands wie BTS werden als „Weicheier" beschimpft und die Leserschaft vor einer „kranken" und „dekadenten" Kultur gewarnt, die die Zukunft der Nation bedrohen würde (Livni, 2019). Während chinesische K-Pop-Fans als bewusste und teilweise politische *Hallyu*-Konsument:innen auf die informelle Unterdrückung südkoreanischer Kulturprodukte durch die Behörden und Nationalisten reagieren (Wang 2022), zieht sich die K-Pop-Industrie zunehmend aus China zurück – aus wirtschaftlichen und politischen Gründen (Han, 2021; Park, J.-w. 2022).

Dass eine kulturelle Globalisierung keinesfalls konflikt-frei verläuft, dürfte wenig überraschen. Doch interessanter-weise ist K-Pop, gerade weil er an sich so unpolitisch ist, zum Spielball verschiedenster politischer Akteure und Aktivismen geworden. Da er eine globale und hybride Pop-kultur darstellt, schärfen die verschiedenen Großmächte daran ihre jeweiligen Ansichten und Projektionen. Es wird sich erst noch zeigen, auf welche Weise die unterschied-lichen Formen der Instrumentalisierung und Aneignung auf die K-Popindustrie und ihre Produkte zurückwirken.

Das vorerst letzte Konzert der erfolgreichsten K-Pop-Band BTS im Oktober 2022 in Busan war gleichermaßen eine nostalgische Rückschau und hoffnungsvolle Vorschau in die Zukunft. In einer langen Ansprache inmitten des Konzerts ließen die sieben Bandmitglieder ihre Karriere Revue passieren und versprachen ihren Fans, nach dem Militärdienst weiterzumachen: „Dieser Moment wird nicht ewig halten, aber wir werden neue Momente in der Zukunft miteinander teilen." Diese Sätze betrafen nicht nur BTS und seine Mitglieder Jin, Jimin, V, Suga, RM, J-Hope und Jungkook, sondern auch das Land, Südkorea. So war das Konzert nicht nur das große Finale einer fast 10-jährigen Erfolgsgeschichte, sondern zugleich Werbe-veranstaltung für Busan und dessen Bewerbung für die Weltausstellung 2030 unter dem Motto „Transforming Our World, Navigating toward a Better Future". Ob die EXPO wiederum zum Finale des südkoreanischen Aufstiegsnarrativs avancieren wird, bleibt abzuwarten.

Danksagung

Ich möchte mich an dieser Stelle ganz herzlich bei Wolfgang Ullrich, Susann Kohout, Daniel Hornuff und Ferdinand Pöhlmann bedanken. Sie waren die ersten, die das Manuskript zu dem Buch gelesen und mich mit wertvollen Anmerkungen und Rückmeldungen motiviert und unterstützt haben.

Unter den vielen Gesprächen über das Thema mit Kolleg:innen und Freund:innen waren vor allem jene mit Hyejin Park sehr wichtig für mich. Sie hat mich auf Begrifflichkeiten und kulturelle Besonderheiten hingewiesen, die sich für das Verständnis von K-Pop als besonders ausschlaggebend erwiesen haben. Haeyung Yoo danke ich für die Unterstützung bei der Recherche zu ausschließlich koreanischsprachiger Forschungsliteratur über K-Pop-Musikvideos.

Für die Ermöglichung erster Veröffentlichungen zur K-Popkultur bedanke ich mich bei Thomas Hecken.

A. Kohout, *K-Pop*, Essays zur Gegenwartsästhetik, https://doi.org/10.1007/978-3-662-67577-9

Allgemeine Anmerkungen

Zur Umschrift: In dem Band wird die Revidierte Romanisierung angewendet, es sei denn es handelt sich um direkte Zitate, in denen die McCune-Reischauer-Umschrift benutzt wurde. Diese werden entsprechend übernommen.

Koreanische Namen werden in der üblichen koreanischen Reihenfolge angegeben: Die Familiennamen stehen vor den Vornamen. Bei Autor:innen wird die Namensreihenfolge der originalen Publikation beibehalten (da es sich dann z. B. um Angehörige der südkoreanischen Diaspora handeln könnte).

Alle Übersetzungen aus dem Koreanischen und Englischen wurden von der Verfasserin vorgenommen.

A. Kohout, *K-Pop*, Essays zur Gegenwartsästhetik, https://doi.org/10.1007/978-3-662-67577-9

Literatur

Ahn, Ji-Hyun: K-Pop Without Koreans: Racial Imagination and Boundary Making in K-Pop. In: International Journal of Communication 17 (2023), 92-111.

Ahn, Ji-Hyun, & Lin, Tien-wen: The politics of apology: The ‚Tzuyu Scandal‘ and transnational dynamics of K-pop. In: International Communication Gazette 81/2 (2019), 158–175.

Ainslie, Mary J.: Korean Soft Masculinity vs. Malay hegemony: Malaysian masculinity and Hallyu fandom. In: Korea Observer 48/3 (2018), 609–638.

Anderson, Crystal S.: Soul in Seoul: African American popular music and K-pop. Jackson 2020.

Anderson, Crystal S.: That's My Man! Overlapping Masculinities in Korean Popular Music. In: Yasue Kuwahara (Hg.): The Korean Wave: Korean Popular Culture in Global Context. London 2014, 117–131.

Aoyagi, Hiroshi: Islands of Eight Million Smiles. Cambridge 2005.

© Der/die Herausgeber bzw. der/die Autor(en), exklusiv lizenziert an Springer-Verlag GmbH, DE, ein Teil von Springer Nature 2024
A. Kohout, *K-Pop*, Essays zur Gegenwartsästhetik,
https://doi.org/10.1007/978-3-662-67577-9

Aoyagi, Hiroshi: Pop Idols and the Asian Identity. In: Timothy J. Craig (Hg.): Japan Pop!: Inside the World of Japanese Popular Culture. New York 2020, 309–326.

Bachler, Alex: Popmusik für die Gegenwart – Meine Welt des K-Pop (17.1.2022). In: https://www.54books.de/popmusik-fuer-die-gegenwart-meine-welt-des-k-pop/ (22.9.2023).

Bae, Fiona (Hg.): The K-Style. 메이크. 브레이크. 리믹스. Make. Break. Remix. London 2022.

Barghouty, Dalia: Glow Aesthetics. Ubiquitous cameras are changing the meaning of makeup (22.8.2019). In: https://reallifemag.com/glow-aesthetics/ (6.2.2023).

Beregow, Elena: Kugelsichere Cuteness. Über BTS, K-Pop, Boygroups. In: Pop. Kultur und Kritik 15 (2019), 24–33.

Beavan, David: Despite the Record-Shattering Success of ‚Gangnam Style‘, the most Fascinating Pop Phenomenon of the Year Sputtered in Its Attempt to Dazzle the US (12.12.2012). In: https://www.spin.com/2012/12/k-pop-2012-life-after-psy/3/ (6.2.2023).

Berliner Zeitung: Youtube-Hit Psy: Tanzen wie Kim Jong-Il (7.8.2012). In: https://www.berliner-zeitung.de/politik-gesellschaft/youtube-hit-psy-tanzen-wie-kim-jong-il-li.34695 (6.2.2023).

Bhagchandani, Umesh: Are LGBT K-dramas just queerbaiting? (19.1.2022). In: https://www.scmp.com/magazines/style/celebrity/article/3163915/are-lgbt-k-dramas-just-queerbaiting-shows-netflixs (6.2.2023).

Brasor, Philip: Idol Chatter: The Evoluton of J-pop. In: Japan Quarterly 44/2 (1997), 55–65.

Bruening, Elisa: K-Beauty: Wer die 10 Steps der süd-koreanischen Beauty-Routine befolgt, wird mit Haut wie Porzellan belohnt (12.1.2021). In: https://www.elle.de/k-beauty (6.2.2023).

Buhr, Elke: Frieze Seoul: Schneller, höher, weiter! (31.8.2022). In: https://www.monopol-magazin.de/frieze-seoul-schneller-hoeher-weiter (6.2.2023).

Byrne, Brian Patrick/Gopaldas, Ahir: Radio, Why Won't You Play BTS? 4.3.2020. In: https://nowthisnews.com/pop/radio-why-wont-you-play-bts (6.2.2023).

Cha, Hyunhee/Kim, Seongmook: A Case Study on Korean Wave: Focused on K-POP Concert by Korean Idol Group in Paris, June 2011. In: Tai-hoon Kim/Hojjat Adeli/William I. Grosky u.a. (Hg.): Multimedia, Computer Graphics and Broadcasting. Heidelberg 2011, 153–162.

Chae, Young Eun: ‚Winter Sonata‘ and Yonsama, Ideal Love, and Masculinity: Nostalgic Desire and Colonial Memory. In: Yasue Kuwahara (Hg.): The Korean Wave: Korean Popular Culture in Global Context. New York 2014, 191–212.

Chan, Brenda: Film-Induced Tourism in Asia: A Case Study of Korean Television Drama and Female Viewers' Motivation to Visit Korea. In: Tourism, Culture & Communication 7 (2007), 207–224.

Chan, Joei: Explained: The Unique Case of Korean Social Media (2020). In: https://www.linkfluence.com/blog/the-unique-case-of-korean-social-media (6.2.2023).

Chang, Kyung-sup: Compressed Modernity and Its Discontents: South Korean Society in Transition. In: Wirtschaft und Gesellschaft 28/1 (1999), 30–55.

Chakraborty, Riddhi: BTS Channel Bollywood Vibes on ‚Idol'? (24.8.2018). In: https://rollingstoneindia.com/bts-bollywood-vibes-idol/ (6.2.2023).

Cayco, Anna: The ambiguous case of race in K-Pop (16.5.2017). In: https://preen.ph/46981/the-ambiguous-case-of-race-in-k-pop (6.2.2023).

Chen, Lu: The emergence of the anti-Hallyu movement in China (2017). In: Media Culture & Society 39/3, 374–390.

Cho, Hae-Joang: Reading the ‚Korean Wave‘ as a Sign of Global Shift. In: Korea Journal 45/4 (2005), 147–182.

Cho, Wu-Suk: Riding the Korean Wave from ‚Gangnam Style‘ to Global Recognition. In: Global Asia 7/3 (2012), 35–39.

Cho, Younghan: Desperately Seeking East Asia amidst the Popularity of South Korean Pop Culture in Asia. In: Cultural Studies 25/3 (2011), 383–404.

Choi, Jung Bong: Hallyu versus Hallyu-hwa. Cultural Phenomenon versus Institutional Campaign. In: Sangjoon LeeAbé Mark Nornes: Hallyu 2.0: The Korean Wave in the Age of Social Media. Ann Arbor 2015.

Choi, Stephanie/Lee, Jeeheng/Sang, Elliot u.a.: Roundtable: K-Pop—What's in a name? (2020). In: https://ther3journal. com/issue-1/roundtable-kpop/ (6.2.2023).

Choi, Yoojin: Formulating K-beauty: A Century of Modern Korean Cosmetics. In: Kim, Rosalie (Hg.): Hallyu! The Korean Wave. London 2022, 158–168.

Choi, Young-Hwa: The Korean Wave Policy as a Corporate-State Project of the Lee Government: The Analysis of Structures and Strategies Based on the Strategic-Relational Approach. In: Economy and Society 97 (2013), 252–285.

Chua, Beng Hua: Structure of Identification and Distancing in Watching East Asian Television Drama. In: Chua Beng Huat/Koichi Iwabuchi (Hg.): East Asian Pop Culture: Analysing the Korean Wave. Hong Kong 2008, 73–90.

Chua, Beng Huat/Iwabuchi, Koichi (Hg.): East Asian Pop Culture: Analysing the Korean Wave. Hong Kong 2008.

Chun, Elaine W.: How to drop a name: Hybridity, purity, and the K-pop fan. In: Language in Society 46/1 (2017), 57–76.

Creighton, Millie: Japanese Surfing the Korean Wave: Drama Tourism, Nationalism, and Gender via Ethnic Eroticisms. In: Southeast Review of Asian Studies 31 (2009), 10-38.

Dahir, Ikran: People are not happy with this all-American K-Pop group (15.4.2012). In: https://www.buzzfeed.com/ ikrd/onionhasaeyo (6.2.2023).

Dahir, Ikran: Meet the two Black women who want to break into the Korean music scene (30.4.2017). In: https://www.buzzfeed. com/ikrd/cocoavenue?utm_term=.trLPWO77D3%23. hw2dXbMM20 (6.2.2023).

Dath, Dietmar: Sie ist wach. Berlin 2003.

Diederichsen, Diedrich: Über Popmusik. Berlin 2014.

Dorof, Jacob: 20 Essential K-Pop Songs (7.8.2014). In: https://pitchfork.com/features/starter/9475-20-essential-k-pop-songs/?page=1 (6.2.2023).

Dutch, Jennifer Rachel: Consuming K-Drama Cuisine: The Intersection of Fans, Fandom and Food in the Search for a Real Korean Meal. In: Park JaeYoon/Lee Ann-Gee (Hg.): The Rise of K-Dramas. Essays on Korean Television and Its Global Consumption. Jefferson 2019, 6–26.

Eimermacher, Martin: K-Pop. Auch Männer sollen wickeln (12.2.2021). In: https://www.zeit.de/2021/07/k-pop-girlgroup-korea-momoland-sex-skandal-tiktok?utm_referrer=https://www.google.com/ (6.2.2023).

Elfving-Hwang, Joanna: Pretty Tough: The Aesthetics of K-pop Masculinities. In: Rosalie Kim (Hg.): Hallyu! The Korean Wave. London 2022, 130–136.

Epstein, Stephen/Turnbull, James: Girls' Generation? Gender, (Dis)Empowerment, and K-pop. In: Kyung Hyun Kim/Youngmin Choe (Hg.): The Korean Popular Culture Reader. Durham/London 2014, 314–337.

Escher, Manuel: China hat Angst vor Raketensystem Thaad (7.3.2017). In: https://www.derstandard.at/story/2000053721237/krise-um-nordkorea-china-hat-angst-vor-thaad (6.2.2023).

Failing, Jutta: Der Korea-Glow – Schönheit aus Fernost (19.5.2017). In: https://www.top-magazin-frankfurt.de/redaktion/wellness-health-and-beauty/der-korea-glow-schoenheit-aus-fernost/ (6.2.2023).

Ferguson, Niall/Schularick, Moritz: The End of Chimerica. Working Paper an der Harvard Business School (2009). In: https://www.hbs.edu/ris/Publication%20Files/10-037_0fdf7d5e-ce9e-45d8-9429-84f8047db65b.pdf (6.2.2023).

Fuhr, Michael: Globalisation and Popular Music in South Korea: Sounding Out Pop Music. New York 2016.

Garcia, Cathy Rose A.: Founder of largest English K-pop site Soompi (11.12.2010). In: http://www.koreatimes.co.kr/www/news/include/print.asp?newsIdx=76236 (6.2.2023).

Garima, Ganghariya/Rubal, Kanozia: Profileration of Hallyu Wave and Korean Popular Culture across the World: A systematic Literatur Review from 2000–2009. In: Journal of Content, Community & Communication 11/6 (2020), 177–207.

Glanz, Berit: Filter. Alltag in der erweiterten Realität. Berlin 2023.

Global Music Report, Phonographic Industry (2022). In: https://www.ifpi.org/wp-content/uploads/2022/04/IFPI_ Global_Music_Report_2022-State_of_the_Industry.pdf (6.2.2023).

Glynn, Basil/Kim, Jeongmee: Life is Beautiful: Gay Representation, Moral Panics, and South Korean Television Drama Beyond Hallyu. In: Quarterly Review of Film and Video 34/4 (2017), 333–347.

Groys, Boris: Der Pop-Geschmack. In: Walter Grasskamp, Michaela Grützen, Stephan Schmitt (Hg.): Was ist Pop? Zehn Versuche. Frankfurt am Main 2014, 99–115.

Habermas, Jürgen: Erkenntnis und Interesse. Mit einem neuen Nachwort. Frankfurt am Main 1973.

Hahn, Thomas: K-Drama ‚Crash Landing on You': Japans versteckte Sehnsüchte (22.2.2021). In: https://www. sueddeutsche.de/medien/k-serien-korea-japan-k-drama-crash-landing-on-you-1.5212904 (6.2.2023).

Hahn, Thomas: Der Kick mit dem Klick (27.12.2022). In: https://www.sueddeutsche.de/panorama/selfies-fotostudios-suedkorea-1.5718242 (6.2.2023).

Han, Benjamin Min: Reliving Winter Sonata: Memory, Nostalgia, and Identity. In: Post Script 27/3 (2008), 25–36.

Han, Jane: Americans Dance to ‚Gangnam Style' (2.8.2012). In: http://www.koreatimes.co.kr/www/news/special/2012/ 08/139_117239.html (6.2.2023).

Han, Min Wha/Hanaki, Toru/Singhal, Arvind u. a.: Hanryu Sweeps East Asia: How Winter Sonata is Gripping Japan. In: International Communication Gazette 69/3 (2007), 281–294.

Han, Zhang: China regulates fan circles of SK idols, to further impact K-pop industry (6.10.2021). In: https://www.globaltimes.cn/page/202109/1233508.shtml (6.2.2023).

Hamilton, Robert: Shadow representations: 8-Milin' identity and de-Blacking rap music in South Korea. In: Journal of World Popular Music 7/2 (2021), 125–144.

Hayashi, Kaori: Assessing the Popularity of Winter Sonata: How Do Women's Emotions Affect the Public Sphere in Japan? In: Shin Dong Kim (Hg.): Culture Industry and Cultural Capital: Transnational Media Consumption and the Korean Wave in East Asia. Seoul 2004, 40–58.

Heo, Jaehyun: Sind ‚Anti-Homosexuellen'-Anzeigen wirklich darauf ausgerichtet, ‚Diskriminierungsgesetze' zu stoppen? (‚동성애 반대' 광고 진짜 목표는 ‚차별금지법' 저지?; übers. d. Verf.) (29.10.2010). In: https://www.hani.co.kr/arti/society/society_general/446342.html?_ga=2.197602731.580662210.1675781321-444651347.1675781320 (6.2.2023).

Hinz, Vanessa: Die Blütezeit der ‚Flower Boys' (2019). In: https://kulturkorea.org/de/magazin/die-bluetezeit-der-flower-boys (6.2.2023).

Hirata, Yukie: Touring ‚Dramatic Korea': Japanese Women as Viewers of Hanryu Dramas and Tourists on Hanryu Tours. In: Chua Beng Huat/Koichi Iwabuchi (Hg.): East Asian Pop Culture: Analysing the Korean Wave. Hong Kong 2008, 143–155.

Hong, Seok-Kyeong: Hallyu beyond East Asia. Theoretical Investigations on Global Consumption of Hallyu. In: Tae-Jin Yoon/Dal Yong Jin (Hg.): The Korean Wave. Evolution, Fandom, and Transnationality. Lanham 2017, 67–87.

Hong, Mihee: Der Wandel des Geschlechterverhältnisses und die Frauenbewegung in Südkorea. Inaugurationsschrift (2005). In: https://d-nb.info/978504739/34 (6.2.2023).

Hornuff, Daniel: Krass! Beauty-OPs und Soziale Medien. Berlin 2021.

Hu, Brian: RIP Gangnam Style. In: Sangjoon Lee/Abé Mark Nornes (Hg.): Hallyu 2.0. The Korean Wave in the Age of Social Media. Ann Arbor 2015, 229–245.

Jaeggi, Rahel/Wesche, Tilo: Was ist Kritik? Frankfurt am Main 2009.

Jenkins, Henry: Textual Poachers. Television Fans and Participatory Culture. New York 2012.

Jang, Lina: Demian, The Great Gatsby, Zorba the Greek Bestselling World Classics (26.2.2018). In: http://koreabizwire.com/demian-the-great-gatsby-zorba-the-greek-best-selling-world-classics/112148 (6.2.2023).

Jin, Dal Yong: Hallyu 2.0.: The New Korean Wave in the Creative Industry. In: University of Michigan International Journal (Fall 2012), 3–7.

Jin, Dal Yong: New Korean Wave: Transnational Cultural Power in the Age of Social Media. Champaign 2016.

Jin, Dal Yong: Theorizing the Korean Wave: Introduction to New Perspectives. In: International Journal of Communication 17 (2023), 1–8.

Jin, Dal Yong: Transnational Proximity of the Korean Wave in the Global Cultural Sphere. In: International Journal of Communication 17 (2023), 9–28.

Jin, Dal Yong/Lee, Hark Joon: K-Pop idols: Popular culture and the emergence of the Korean music industry. Lanham 2019.

Jin, Dal Yong/Ryoo, Woongjae: Critical interpretation of hybrid K-Pop: The global-local paradigm of English mixing in lyrics. In: Popular Music and Society 37/2 (2014), 113–131.

Jones, Ingrid: The Queer Concept. Queerbaiting in the K-Pop-Industry (2021). In: https://www.womensrepublic.net/the-queer-concept-queerbaiting-in-the-kpop-industry/ (6.2.2023).

Jung, Eun-Young: Transnational Korea: A Critical Assessment of the Korean Wave in Asia and the United States. In: Southeast Review of Asian Studies 31 (2009), 69-80.

Jung, Sun: The Shared Imagination of Bishonen, Pan-East Asian Soft Masculinity: Reading DBSK, Youtube.com and Transcultural New Media Consumption. In: Intersections:

Gender and Sexuality in Asia and the Pacific 20 (2009): http://intersections.anu.edu.au/issue20/jung.htm (6.2.2023).

Kang, Woosung: K-Pop Dictionary. Fully Understand What Your Favorite Idols Are Saying. New 2016.

Ki, Wooseok: K-Pop. The Odyssey. Potomac 2020.

Kim, Bok-rae: Past, Present and Future of Hallyu (Korean Wave). In: American International Journal of Contemporary Research 5/5 (2015),154–160.

Kim, Bore/Kuroda, Karin/Shao, Samantha Y.: How to make a K-pop boy band. In: Journal of American Studies, 52/4 (2018), 943–968.

Kim, Eun-young/Kyoung Mi Lee/Hee-eun Hahm: ‚Third Korean Wave' becomes part of everyday Japanese life (2018). In: https://www.korea.net/NewsFocus/Society/view?articleId=159139 (6.2.2023).

Kim, Goojong: From Factory Girls to K-Pop Idol Girls: Cultural Politics of Developmentalism, Patriarchy, and Neoliberalism in South Korea's Popular Music Industry. Lanham 2018.

Kim, Ju Oak: BTS as method: A counter-hegemonic culture in the network society. In: Media, Culture & Society 43/6 (2021), 1061–1077.

Kim, Jeongmee: Say Hallyu, Wave Goodbye: The Rise and Fall of Korean Wave Drama: In: Jeongmee Kim (Hg.): Reading Asian Television Drama: Crossing Borders and Breaking Boundaries. London 2014, 239–262.

Kim, Jeongmee: Why Does Hallyu Matter?: The Significance of the Korean Wave in South Korea. In: Critical Studies in Television 2/2 (2007), 47–59.

Kim, Jin-gon: BTS <피 땀 눈물> 뮤직비디오의 시각 이미지에 대한 의미 분석 [A Semantic Analysis of Visual Image of BTS' "Blood Sweat & Tears" Music Video]. In: 일러스트 레이션 포럼 [The Korean Society of Illustration Research] 73 (2022), 101–110.

Kim, Kyung Hyun/Saeji, Cedar T.: Introduction: A short history of Afro-Korean music and identity. In: Journal of World Popular Music 7/2 (2021), 115–124.

Kim, Kyung Hyun/Choe, Youngmin (Hg.): The Korean Popular Culture Reader. Durham/London 2014.

Kim, Kyung Hyun: Hegemonic Mimicry. Korean Popular Culture of the Twenty-First Century. Durham/London 2021.

Kim, Rosalie (Hg.): Hallyu! The Korean Wave. London 2022

Kim, Rosalie: K-Pop and Fandom. In: Rosalie Kim (Hg.): Hallyu! The Korean Wave. London 2022, 92–100.

Kim, Rosalie: The Hallyu Origin Story. In: Rosalie Kim (Hg.): Hallyu! The Korean Wave. London 2022, 16–28.

Kim, So Hye: Conundrum of Global Korean Culture. In: Rosalie Kim (Hg.): Hallyu! The Korean Wave. London 2022, 86–92.

Kim, Sun Jung: K-Pop Beyond Asia: Performing Trans-Nationality, Trans-Industriality, and Trans-Textuality. In: John A Lent/Lorna Fitzsimmons (Hg.): Asian Popular Culture in Transition. London 2012, 108–138.

Kim, Suk-Young: For the Eye of North Koreans? Politics of Money and Class in Boys over Flowers. In: Youna Kim: The Korean Wave: Korean Media Goes Global. Oxon 2013, 93–105.

Kim, Suk-Young: K-pop live: Fans, idols, and multimedia performance. Redwood City 2018.

Kim, Suk-Young: Black K-pop: Racial surplus and global consumption. In: TDR/The Drama Review 64/2 (2020), 88–100.

Kim, Taeyoung: K-Culture Without „K"? The Paradoxical Nature of Producing Korean Television Toward a Sustainable Korean Wave. In: International Journal of Communication 17 (2023), 149-170.

Kim, Youna: The Korean Wave: Korean Media Goes Global. Oxon 2013.

Kim, Youna: Soft Power and Politics. In: Rosalie Kim (Hg.): Hallyu! The Korean Wave. London 2022, 31–40.

Kinsella, Sharon: Cuties in Japan. In: Lise Skov/Brian Moeran (Hg.): Women, Mesia, and Consumption in Japan. Honolulu 1995.

Klein, Christina: The AFKN nexus: US military broadcasting and New Korean Cinema. In: Transnational Cinemas 3/1 (2012), 19–33.

Koc, Elif: Symbolismus imK-Pop. Wenn Hongkong-Filme der 90er, deutsche Philosophie und koreanischer Pop aufeinandertreffen. In: Kultur Korea, Spezialausgabe 2022, 8–10.

Kohout, Annekathrin: Glowismus. In: Pop. Kultur und Kritik 22 (2023), 30–38.

Kohout, Annekathrin: Improvisierte Kritik. Über Reaction Videos. In: Oliver Ruf/Christoph Winter (Hg.): Small Critics. Zum transmedialen Feuilleton der Gegenwart. Würzburg 2022, 183–201.

Kohout, Annekathrin: Nerds. Eine Popkulturgeschichte. München 2022.

Kohout, Annekathrin: K-Pop. Wenn Social Media ein Kunstwerk wär (3.10.2022). In: https://www.zeit.de/kultur/2022-09/k-pop-koreanische-welle-hallyu (22.9.2023).

Kuwahara, Yasue (Hg.): The Korean Wave: Korean Popular Culture in Global Context. London 2014.

Kwon, Jungmin: K(Q)ueer-Pop for Another World: Toward a Theorization of Gender and Sexuality in K-Pop. In: International Journal of Communication 17 (2023), 52-71.

Kyodo News: Tokyo exhibition on South Korean drama ‚Crash Landing on You' opens (8.1.2021). In: https://english.kyodonews.net/news/2021/01/10273e7dc44c-tokyo-exhibition-on-s-korean-drama-crash-landing-on-you-opens.html (6.2.2023).

Lee, Hyangjin: Contemporary Korean Cinema, Manchester University Press. Manchester 2001.

Lee, Dong-Hoo: Cultural Contact with Japanese TV Dramas: Modes of Reception and Narrative Transparency. In: Koichi Iwabuchi (Hg.): Feeling Asian Modernities: Transnational Consumption of Japanese TV Dramas. Hong Kong 2004, 251–274.

Lee, Hark Joon/Jin, Dal Yong: K-Pop Idols: Popular Culture and the Emergence of the Korean Music Industry. Lanham 2019.

Lee, Hye Jin: Rethinking the K-pop industry's silence during the Black Lives Matter movement. The Conversation (26.6.2020). In: https://theconversation.com/rethinkingthe-k-popindustrys-silence-during-the-black-lives-matter-movement-141025 (6.2.2023).

Lee, Hye-Kyung: Cultural consumers as ‚new cultural intermediaries': manga scanlators. In: Arts Marketing: An International Journal 2 (2012), 132–133.

Lee, Hye-Kyung: Cultural Policy and the Korean Wave: From National Culture to Transnational Consumerism. In: Youna Kim (Hg.): The Korean Wave: Korean Media Go Global. Oxon 2013, 185–198.

Lee, Keehyeung: Assessing and Situating ‚the Korean Wave' (Hallyu) through a Cultural Studies Lens. In: Asian Communication Research 9 (2005), 5–22.

Lee, Sangjoon/Nornes, Abé Mark (Hg.): Hallyu 2.0: The Korean Wave in the Age of Social Media. Ann Arbor 2015.

Lee, Sangjoon: A Decade of Hallyu Scholarship: Toward a New Direction. In: Sangjoon Lee/Abé Mark Nornes (Hg.): Hallyu 2.0. The Korean Wave in the Age of Social Media. Ann Arbor 2015, 1–30.

Lee, Sanggyoung: South Korean Television Dramas. Dissertation an der University of California, Berkeley 2019. In: https://escholarship.org/uc/item/61t8v5j1 (6.2.2023).

Leung, Lisa: Mediating Nationalism and Modernity: The Transnationalization of Korean Dramas on Chinese (Satellite) TV. In: Chua Beng Huat/Koichi Iwabuchi (Hg.): East Asian Pop Culture: Analysing the Korean Wave. Hong Kong 2008, 53–69.

Leung, Lisa: #Unrequited Love in Cottage Industry? Managing K-pop (Transnational) Fandom in the Social Media Age. In: Tae-Jin Yoon/Dal Yong Jin (Hg.): The Korean Wave: Evolution, Fandom, and Transnationality. Lanham 2017, 87–109.

Lee, Shi-Hu: Change in K-Pop Fandom Culture (12.3.2019). In: http://skt.skku.edu/news/articleView.html?idxno=642 (6.2.2023).

Lie, John: What Is the K in K-Pop? South Korean Popular Music, the Culture Industry, and National Identity. In: Korea Observer 43/3 (2012), 339–363.

Lo, Kwai-Cheung: Excess and masculinity in Asian cultural productions. Albany 2010.

Louie, Kam: Popular Culture and Masculinity Ideals in East Asia with Special Reference to China. In: The Journal of Asian Studies 71/4 (2012).

Lyan, Irina: Shock and Surprise: Theorizing the Korean Wave Through Mediatized Emotions. In: International Journal of Communication 17 (2023), 29-51.

Marinescu, Valentina (Hg.): The Global Impact of South Korean Popular Culture: Hallyu Unbound. Lanham 2014.

Martus, Steffen/Spoerhase, Carlos: Geistesarbeit. Eine Praxeologie der Geisteswissenschaften. Berlin 2022.

Mauss, Marcel: Die Gabe. Frankfurt/Main 1990 (frz. 1950).

McLaren, Courtney/Jin, Dal Yong: ,You can't help but love them': BTS, transcultural fandom, and affective identities. In: Korea Journal 60/1 (2020), 100–127.

McRobbie, Angela: Top Girls: Feminismus und der Aufstieg des neoliberalen Geschlechterregimes. Wiesbaden 2010.

Merleau-Ponty, Maurice: Phänomenologie der Wahrnehmung. Berlin 1966 [frz. 1945].

Mikos, Lothar: Der Fan. In: Stephan Moebius/Markus Schröer (Hg.): Diven, Hacker, Spekulanten. Sozialfiguren der Gegenwart. Frankfurt am Main 2010, 108–119.

Moon, Kyuwon: Authenticating the fake: Linguistic resources of aegyo and its media assessments. Unveröffentlichtes Manuskript (2018). In: https://web.stanford.edu/~eckert/Courses/l1562018/Readings/MoonUnderReview.pdf (6.2.2023).

Mōri, Yoshitaka: Winter Sonata and Cultural Practices of Active Fans in Japan: Considering Middle-Aged Women as Cultural Agents' in East Asian Pop Culture. In: Chua Beng Huat/Koichi Iwabuchi (Hg.): East Asian Pop Culture: Analysing the Korean Wave. Hong Kong 2008, 127–141.

Musikexpress: Jungkook von BTS: Die FIFA zeigt das Musikvideo zu seinem WM-Song ,Dreamers' (23.11.2022). In: https://www.musikexpress.de/jungkook-von-bts-die-fifa-zeigt-das-musikvideo-zu-seinem-wm-song-dreamers-2218789/ (6.2.2023).

Ngai, Sianne: Our Aesthetic Categories. Zany, Cute, Interesting. Cambridge/Massachusetts 2015.

Nieswandt, Hans: Warum Korea boomt (25.8.2022). In: https://www.monopol-magazin.de/korea-boomt-hans-nieswandt (6.2.2023).

Oh, Chuyun: Performing post-racial Asianness: K-pop's appropriation of hip-hop culture. In: Congress on Research in Dance Conference Proceedings (2014), 121–125.

Oh, Chuyun: Queering spectatorship in K-pop: The androgynous male dancing body and western female fandom. In: Journal of Fandom Studies 3 (2015), 59–78.

Oh, David C.: K-pop fans react: Hybridity and the White celebrity-fan on YouTube. In: International Journal of Communication 11 (2017), 2270–2287.

Oh, Youjeong: Pop City. Korean Popular Culture and the Selling of Place. New York 2018.

Ono, Kent A./Kwon, Jungmin: Re-worlding Culture?: YouTube as a K-pop interlocutor. In: Youna Kim (Hg.): The Korean Wave: Korean Media Goes Global. London 2013, 199–214.

Paik, Nam June: Expanded Education for the Paperless Society (1968). In: https://www.radicalsoftware.org/volume1nr1/pdf/VOLUME1NR1_art02.pdf (6.2.2023).

Par, Jinhee: Virtual Technology in Netflix K-Drama: Augmented Reality, Hologram, and Artificial Intelligence. In: International Journal of Communication 17 (2023), 130-148.

Pardo, Ramon Pacheco: Shrimp To Whale: South Korea from the Forgotten War to K-Pop. London 2022.

Park, Ji Hoon/Kim Kristin April/Lee Yongsuk: Netflix and Platform Imperialism: How Netflix Alters the Ecology of the Korean TV Drama Industry. In: International Journal of Communication 17 (2023), 72–91.

Pär, Ji-won: K-pop industry reduces dependence on Chinese market. In: The Korea Times (24.10.2022). In: https://www.koreatimes.co.kr/www/art/2023/02/398_338387.html (6.2.2023).

Park, Sui: K-pop subculture 'jogong' sparks dispute. In: Korean Herald (24.4.2013). In: https://www.koreaherald.com/view.php?ud=20130424000710 (6.2.2023).

Penke, Niels/Schaffrick, Matthias: Populäre Kulturen zur Einführung. Hamburg 2018.

Pérez-González, Luis: Intervention in new amateur subtitling cultures: a multimodal account. In: Linguistic Antverpiensia 6 (2007), 67–80.

Puzar, Aljosa/Hong, Yewon: Korean Cuties: Understanding Performed Winsomeness (Aegyo) in South Korea. In: The Asia Pacific Journal of Anthropology 19/4 (2018), 333–349.

Rayner, Jay: How Psy taught me Gangnam Style (18.11.2012). In: https://www.theguardian.com/music/2012/nov/18/gangnam-style-psy (6.2.2023).

ReacttotheK: Classical Musicians React: BTS 'Black Swan (Art Film)', YouTube, 23.02.2020, https://www.youtube.com/watch?v=UAhtwpBDULE (10.5.2023)

Richard, Birgit/Gunkel, Katja/Müller, Jana: ‚Felt cute, might delete later‘ – Zur polyvalenten Ästhetik des Niedlichen. In: Dies. (Hg.): #cute. Eine Ästhetik des Niedlichen zwischen Natur und Kunst. Frankfurt am Main/New York 2020, 7–35.

Ryoo, Woongjae: Globalization, or the logic of cultural hybridization: The case of the Korean wave. In: Asian Journal of Communication 19/2 (2009), 137–151.

Schöneck, Angela/Dreissigacker, Katja: Wow, was für ein Glow! (28.11.2017). In: https://www.brigitte.de/beauty/haut/strahlende-haut--wow--was-fuer-ein-glow--10158114.html (22.9.2023).

Seo, Yuri/Cruz, Angela/Fifita, Ilaisaane M.E.: Cultural globalization and young Korean women's acculturative labor: K-Beauty as hegemonic hybridity. In: International Journal of Cultural Studies 23/1 (2020).

Shim, Doobo: Hybridity and the rise of Korean popular culture in Asia. In: Media, Culture & Society 28/1 (2006), 25–44.

Shin, Solee I./Kim, Lanu: Organizing K-pop: Emergence and market making of large Korean entertainment houses, 1980–2010. In: An International Quarterly 30/4 (2013), 255–272.

Son, Yejin (@yejinhand), Instagram, 12.01.2022, https://www.instagram.com/p/CYnt8GMvLAw/?igshid=YmMyMTA2M2Y (10.5.2023).

Song, Geng: Changing Masculinities in East Asian Pop Culture (26.7.2016). In: https://www.eastasiaforum.org/2016/07/26/ changing-masculinities-in-east-asian-pop-culture/ (6.2.2023).

Song, Myoung-Sun: Hanguk hip hop: Global rap in South Korea. Cham 2019.

Stalder, Felix: Kultur der Digitalität. Berlin 2016.

Suh, Young-ho: 대중음악콘텐츠에 나타난 성장서사: BTS <피 땀 눈물> 뮤직비디오의 통과제의 구조와 의미 [Growth Narratives in Popular Music Contents: Structure and Meaning of the ‚Rites of Passage' in the BTS's <Blood Sweat and Tears> Music Video]. In: 인문콘텐츠 [Zeitschrift für Geisteswissenschaften] 65 (2022), 157–178.

Sung, Daesom: K-pop's Fictional Universe: Symbols and Hidden Clues in K-pop Music Videos. In: Rosalie Kim (Hg.): Hallyu! The Korean Wave. London 2022, 120–126.

Sung, Suk-Hee: Gesellschaftswandel und journalistische Kultur in Korea. Dissertation an der Universität Dortmund (2004). In: https://d-nb.info/1011532743/34 (6.2.2023).

Tapscott, Don: Grown Up Digital: How the Net Generation Is Changing Your World. New York 2009.

Thussu, Daya Kishan: Media on the Move. Global Flow and Contra-Flow. Oxon 2006.

Tizzard, David: K-pop dictionary: Queerbaiting (2021). In: https://m.koreatimes.co.kr/pages/article.asp?newsIdx= 303622 (6.2.2023).

Toffler, Alwin: The Third Wave. New York 1980.

Ullrich, Wolfgang: Selfies. Die Rückkehr des öffentlichen Lebens. Berlin 2019.

Varela, Maria do Mar Castro: Un-Sinn: Postkoloniale Theorie und Diversity. In: Fabian Kessel/Melanie Plößer (Hg.): Differenzierung, Normalisierung, Andersheit. Wiesbaden 2010, 249–262.

Waitt, Hannah: The History of K-pop, Chapter 4: How Lee Soo Man's First Big Fail Resulted in Korea's Modern Pop Star System (17.7.2014). In: https://omonatheydidnt. livejournal.com/13701757.html? (6.2.2023).

Wang, Eureka Shiqi: Contested fandom and nationalism: How K-Pop fans perform political consumerism in China (2022). In: https://journals.sagepub.com/doi/full/https://doi.org/10.1177/20594364221093768 (6.2.2023).

Wang, Yuan-Kang: Explaining the Tribute System: Power, Confucianism, and War in Medieval East Asia. In: Journal of East Asian Studies 13 (2013), 207-232.

Wellgraf, Stefan: Gangnam Style. Der große Bruder (1.7.2013). In: https://pop-zeitschrift.de/2013/07/01/gangnam-stylevon-stefan-wellgraf1-7-2013/ (6.2.2023).

Wölfel, Lina: Beleidigung von K-Popband: Empörung über Bayern-3-Moderator (26.1.2021). In: https://www.sueddeutsche.de/medien/bts-rassismus-bayern-3-matuschik-1.5219014 (6.2.2023).

Woodhouse, Taylore Nicole: A Community Unlike Any Other: Incorporating Fansubbers into Corporate Capitalism on Viki.com. Dissertation an der University of Texas at Austin (2018). In: https://repositories.lib.utexas.edu/handle/2152/65312 (6.2.2023).

Yoo, Theodore Jun: The Koreas. The Birth Of Two Nations Divided. Oakland 2020.

Yoon, Kyong: Transnational fandom in the making: K-pop fans in Vancouver. In: International Communication Gazette 81/2 (2019), 176–192.

Yoon, Kyong: Digital mediascapes of transnational Korean youth culture. New York 2020.

Yoon, Kyong: Translational Audiences in the Age of Transnational K-Pop. In: International Journal of Communication 17 (2023), 112-129.

Yoon, John/Ives, Mike: Abuse in K-Pop in Spotlight Again After L.A. Hotel Alteration (4.12.2022). In: https://www.nytimes.com/2022/12/04/world/asia/omega-x-kpop-abuse.html (6.2.2023).

Yoon, Tae-Jin/Jin, Dal Yong (Hg.): The Korean Wave: Evolution, Fandom, and Transnationality. Lanham 2017.

Filme und Serien

Chief Police Investigator. Drehbuch: Kim Jeong-hwang; Regie: Lee Yeon-heon. KOR: 1971–1989.

Countryside Diary. Drehbuch: Cha Bum-seok; Regie: Lee Yeon-heon, Jang Yun-seok, Oh Hyun-chan. KOR 1980–2002.

Crash Landing on you. Drehbuch: Park Ji-eun; Regie: Lee Jung-hyo. KOR 2019–2020.

Das Leben der Anderen. Drehbuch & Regie: Florian Henckel von Donnersmarck. DE: 2006.

Descendants of the Sun. Drehbuch: Kim Eung-sook, Kim Won-seok; Regie: Lee Eung-bok, Baek Sang-hoon. KOR: 2016.

Doctor Stranger. Drehbuch: Park Jin-woo; Regie: Jin Hyuk. KOR: 2013–2014.

Extraordinary Attorney Woo. Drehbuch: Moon Ji-won; Regie: Yoo In-shik. KOR: 2022.

Eyes of Dawn. Drehbuch: Song Ji-na; Regie: Kim Jong-hak. KOR: 1991–1992.

High Kick 3. Drehbuch: Lee Young-Chul, Jo Sung-Hee, Hong Bo-Hee, Jang Jin-Ah, Baek Sun-Woo, Lee Si-Eun; Regie: Kim Byeong-Wook, Kim Young-Ki, Jo Chan-Soo. KOR: 2011–2012.

Imitation. Drehbuch: Choi Sun-young, Kim Min-jung; Regie: Han Hyun-hee. KOR: 2021.

Itaewon Class. Drehbuch: Gwang Jin; Regie: Kim Seong-yoon. KOR: 2020.

Life is Beautiful. Drehbuch: Kim Soo-hyun; Regie: Jung Eul-young. KOR: 2010.

Light Up the Sky. Regie: Caroline Suh. USA: 2020.

Minari. Drehbuch & Regie: Lee Isaac Chung. USA: 2020.

Misaeng. Drehbuch: Jung Yoon-jung; Regie: Kim Won-seok. KOR: 2014.

My Love from the Star. Drehbuch: Park Ji-eun; Regie: Jang Tae-joo. KOR: 2013–2014.

Nevertheless. Drehbuch: Jung Won; Regie: Kim Ga-ram. KOR: 2021.

Our Beloved Sommer. Drehbuch: Lee Na-eun; Regie: Kim Yoon-jin. KOR: 2021–2022.

Parasite. Drehbuch: Boon Joon-ho; Regie: Ders., Han Jin-won. KOR: 2019.

Pinocchio. Drehbuch: Park Hye-ryun; Regie: Jo Soo-won, Shin Seung-won. KOR: 2014–2015.

Record of Youth. Drehbuch: Ha Myung-hee; Regie: Ahn Gil-ho. KOR: 2020.

Romance is a Bonus Book. Drehbuch: Jung Hyun-jung; Regie: Lee Jeong-hyo. KOR: 2019.

Sad Temptation. Drehbuch: Noh Hee-kyung; Regie: Pyo Min-soo. KOR: 1999.

Secret Garden. Drehbuch: Kim Eun-sook; Regie: Shin Woo-chul, Kwon Hyuk-chan. KOR: 2010–2011.

Somebody. Drehbuch: Jung Ji-won, Han Ji-wan; Regie: Jung Ji-won. KOR: 2022.

Something in the Rain. Drehbuch: Kim Eun; Regie: Ahn Pan-seok. KOR: 2018.

Squid Game. Drehbuch & Regie: Hwang Dong-hyuk. KOR: 2021.

The Fabulous. Drehbuch: Kim Ji-hee, Lim Jin-sun; Regie: Kim Jeong-hyeon. KOR: 2022.

The Glory. Drehbuch: Kim Eun-sook; Regie: Ahn Gil-ho. KOR: 2022.

While you Were Sleeping. Drehbuch: Park Hye-ryun; Regie: Oh Choong-hwan. KOR: 2017.

Winter Sonata. Drehbuch: Kim Eun-hee, Yoon Eun-kyung, Oh Soo-yeon; Regie: Yoon Seok-ho. KOR: 2002.

Printed in the United States
by Baker & Taylor Publisher Services